Preußen ohne Legende

不含传说的普鲁士

地图

一四一五至一九一八年之间的勃兰登堡—普鲁士

☐ 新继承的土地

▨ 新获得或者新征服的土地

▨ 家族旁支所拥有的土地

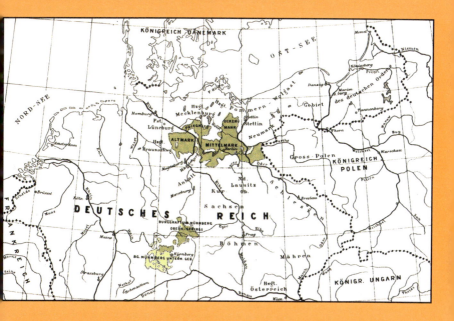

1415-1440：纽伦堡城堡伯爵腓特烈六世在1415年的时候，被西吉斯蒙德国王册封于勃兰登堡边区（深色区块）。这第一位勃兰登堡选侯去世时，勃兰登堡边区加上安斯巴赫与拜罗伊特之后，总面积为29478平方公里。

1640-1688：大选侯腓特烈·威廉登基时，勃兰登堡－普鲁士的面积已经增加了一倍多。他自己并且在黄金海岸和西印度群岛取得殖民地。等到他去世的时候，该国面积为110836平方公里。

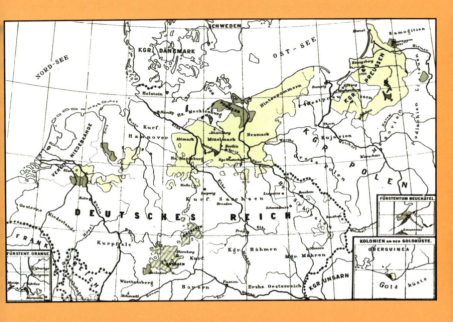

1688-1740：腓特烈三世选侯在1701年成为"在普鲁士的国王"腓特烈一世。他遗留给自己儿子的土地比他当初所继承的大不了多少。等到其子腓特烈·威廉一世在1740年去世时，普鲁士加上奥伦治和纽沙特之后的总面积为118926平方公里。

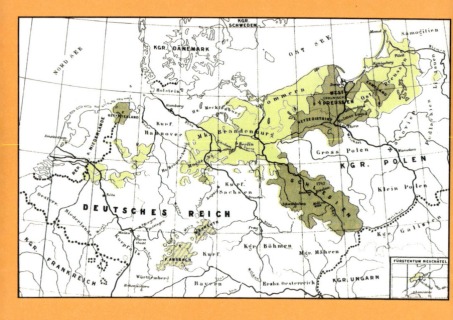

1740-1786：在腓特烈大帝统治下，普鲁士的面积巨幅扩大（深色区块），新增的土地包括了西里西亚、西普鲁士以及内策地区。他遗留给继任者543万的人口，以及194891平方公里的土地。

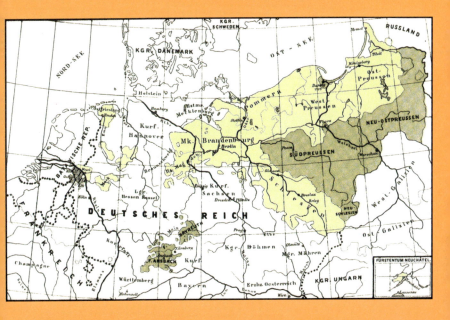

1786-1797：于腓特烈·威廉二世短暂统治期间，普鲁士的幅员达到迄今最大规模，其面积为305659平方公里（西德的面积则是247975平方公里）。这主要归功于普鲁士在1792年和1795年从波兰获得的土地。

1807-1815：签订《提尔西特和约》之后，普鲁士必须割让一半的国土，其中包括易北河以西的全部土地、内策地区的大部分，以及从波兰取得的地方。（普鲁士剩余的领土以浅色标出）

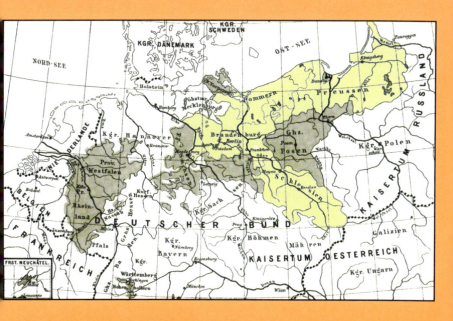

1815-1861： 1814年至1815年的维也纳会议在欧洲创造了秩序。普鲁士不但保留1807年之前已拥有的土地，并获得萨克森的一部分、西发利亚以及莱茵河左岸。其1815年时的百姓共有1040万人，面积为278042平方公里；1861年时则有1960万居民。

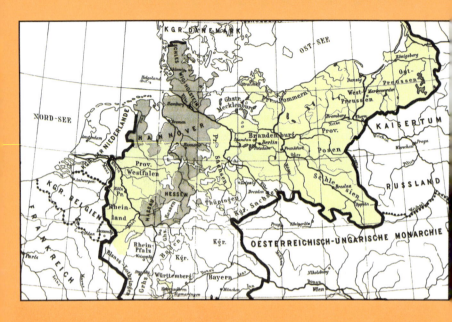

1861-1918：深色区块为普鲁士在1864年和1866年时新获得的土地，劳恩堡公国则在1876年才被并入。威廉一世在1871年时成为德意志皇帝，粗黑线条标示出德意志帝国的边界。

吾乃普鲁士人，你可知我颜色？
黑白旗帜在我面前飘扬；
吾列祖列宗为自由而牺牲，
请谨记，这是我颜色的真谛。
我永不畏葸退缩，愿与先人一般果敢，
无论天色昏暗或阳光普照，
吾乃普鲁士人，愿为普鲁士人！

—— 普鲁士国歌

Preußen ohne Legende

Sebastian Haffner

〔德〕塞巴斯提安·哈夫纳 著
周全 译

北京大学出版社
PEKING UNIVERSITY PRESS

目 录

译 序
    黑中有白，白中有黑的普鲁士   001

导 言   001

第一章 漫长的成形过程   009
    东向殖民的三种模式   016
    霍恩佐伦家族的权力政治   028
    大选侯的悲剧   036
    普鲁士王国得名的由来   042

第二章 粗线条理性国家   047
    两位伟大的国王   051
    一场军事革命   059
    君主政体与容克贵族制度   069
    普鲁士的三个无所谓   075

第三章 微不足道的强权   085
    有利的大环境   090
    腓特烈大帝的冒险   098

一位受到低估的普鲁士国王　　109
　　普鲁士成为双民族国家　　113

第四章　严峻的断裂测试　　123
　　一位爱好和平的国王　　128
　　一场莫名其妙的战争　　136
　　改革与反改革　　142
　　普鲁士的西移　　154

第五章　三只黑色的老鹰　　159
　　不一样的普鲁士　　163
　　复辟与反动　　168
　　普鲁士与"德意志联盟"　　177
　　在奥尔米茨的投降　　186

第六章　普鲁士建立帝国　　193
　　俾斯麦一世国王　　197
　　政治权谋与成功压力　　202
　　1866年：普鲁士成功达阵　　210
　　1870年：一场意外与一个即兴创作　　220

第七章　缓慢的死亡经历　　229
　　国家意识上的革命　　232
　　普鲁士的撤退战　　240
　　一个没有人要的国家　　247
　　普鲁士的毁灭　　255

年　表　　265

译序

黑中有白，白中有黑的普鲁士

曾经翻开过《一个德国人的故事》《破解希特勒》《从俾斯麦到希特勒》等哈夫纳论述的人，往往对封面内页提到的《不含传说的普鲁士》一书颇感好奇。结果这本关于普鲁士的经典著作，在过去几年成为"左岸出版社"被询问度最高的书籍。如今它终于也和读者朋友们见面了。对译者自己来说，本书更具有非比寻常的意义：当初我透过它而开始私淑德国政论大师哈夫纳先生、它是我德国史（尤其是普鲁士史）的启蒙书之一，并且陪伴我完成在德国的学业。《不含传说的普鲁士》这个标题，则甚至早在开始翻译本书整整三十年前即已出现。

讲得精确些，事情要回溯到1980年岁末，译者留学西德半年之际。某天我在杂志上看见一本精装版新书的广告，不禁深受吸引。一方面是因为其标题"Preußen ohne Legende"十分简洁别致，几乎让人不知该如何翻译才好（光从字面来看，它叫做"普鲁士没有传说"）。另一个理由则是，我们小时候都在历史课本里面读过"1871年，普鲁士铁血宰相俾斯麦统一了德国"——"俾斯麦"是人人皆可琅琅上口的对象，"普鲁士"一词却容易让人丈二金刚摸不着头脑：普鲁士到底是什么？普鲁士位于何方？谁是普鲁士人？俾斯麦统一德国后，普鲁士又跑到哪里去了？但最令人纳闷的当然还是：此处的"传说"究竟所指为何？

可惜精装书很不便宜，再加上译者当时正为了准备"下萨克森邦"（昔日普鲁士"汉诺威省"）的"拉丁文执照考试"[1]而忙得焦头烂额，所以只是把"普鲁士没有传说"挂在心上，继续纳闷下去。时至1981年夏天，我总算顺利通过考试，得以正式展开学业，于是订购了那本普鲁士专论来犒赏自己，并前往普鲁士的故都柏林市，不但参观西柏林举办的普鲁士特展，还去东柏林游玩了一天。[2]我从西柏林坐地铁进入东柏林之后，一离开车站便不知不觉步行来到著名的"菩提树下大街"，赫然看见理论上不该出现的东西：那里巍巍矗立一座纪念碑，顶端安放一尊巨大铜像，刻画出一位身穿戎装、头戴三角帽的骑士。那是腓特烈二世国王（"大帝"），普鲁士的标竿人物！东德这个社会主义"民主共和国"首都精华地段最主要的道路旁边，竟堂而皇之陈列一尊"封建君主"骑马立像，未免令人匪夷所思。

当初东德在1949年建国之后，第二年就把位于东柏林的普鲁士王宫和"德皇威廉一世纪念亭"拆得一干二净，借以

---

[1] 在传统德国大学，学生不"修学分"，而是"收集执照"（Scheine sammeln）——循序取得足够"执照"之后，才有资格参加学位考试。拉丁文是西方的"文言文"，所以拉丁文"执照"成为敝校历史系的最基本要求（有了拉丁文执照才可"收集"中古史执照，有了法文执照才可"收集"近代史执照，有了俄文执照才可"收集"东欧史执照……）。——译者注（全书注释均为译者注，下文不再逐一标示）
[2] 柏林市在20世纪80年代仍由美、苏、英、法四国共管，从西柏林进入东柏林无需申请签证，但必须当日来回。

彻底清除"反动的普鲁士军国主义"之遗迹。腓特烈纪念像的底座也被大卸八块移走,铜像本身则险些毁于熔炉,幸好后来法外开恩,仅仅把它发配至波茨坦的一座花园。到了1980年11月底(就是译者看见"普鲁士没有传说"广告的差不多同一时候),东德政府作风丕变,又大费周章将之迎回"菩提树下"!

东柏林的普鲁士国王铜像消失三十年后蓦然重返,西柏林则大张旗鼓举办普鲁士特展,显然译者恰好躬逢其盛,现场目睹东西柏林如何重新发现了普鲁士,并且竞相透过普鲁士来面对自己的过去。不过双方跨出这一步的时候都需要很大勇气。毕竟之前的情况相当敏感,而那可以套用东德末代总理和第一位民选总理——德·梅西尔——的讲法说明如下:东西两个德国都曾经是盟军1947年一项决议的执行者。东德的代表人物是"1949世代",将"普鲁士精神"斥为"法西斯独裁政权的重要基础";西德则有"1968学运世代",把"普鲁士的价值观和美德"贬低成"蔑视人性"。[3]

自从德国于1945年战败、覆亡和遭到占领以来,普鲁士便成为禁忌。德·梅西尔所指出的那项"决议",其实是美、苏、英、法四国引申丘吉尔"普鲁士乃万恶之源"的论调,给普鲁士开立的"死亡证明"。纽伦堡大审结束四个多月后,

---

3 摘录自洛塔尔·德·梅西尔(Lothar de Maizière)2006年9月28日的一篇演说词:《论美德、普鲁士和胡格诺人》(Von Tugenden, Preußen und Hugenotten)。

"盟军管制委员会"在1947年2月25日签署《第46号法令》，宣布"普鲁士国家历来是德国军国主义和反动作风的支柱，它事实上已经不复存在"，为求"维护各民族的和平与安全"，以及"在民主基础上进一步重建德国的政治生活"，自即日起"解散普鲁士"。

看来普鲁士会让人气愤得做出"激烈反应"[4]，甚至"陷入矛盾"。既然普鲁士已不复存在，"盟军管制委员会"又怎能"解散"（或"废除"）那个不存在的东西呢?[5] 不过此一怪异事件已让人初步领略普鲁士的"传说"色彩：它是一个拥有"死亡证明"的国家，生前既"不民主"又"危及各民族的和平与安全"，却足以令东西柏林同时对它缅怀不已，而且它还具备某些"美德"……于是，译者在1981年夏末从西柏林返回我那所位于东西德边境的大学后，立刻开始仔细阅读刚买来的精装书，这才化解心中的疑惑，终于明白书中所强调的并非"普鲁士没有传说"，而是普鲁士被硬生生套上了五花八门的"传说"，以致充满着"神话""迷思"与"扭曲"。

---

[4] 英国史学大师霍布斯鲍姆曾在《趣味横生的时光》中，回忆起"打了胜仗但缺乏幽默感的盟军"如何清除柏林"胜利大道"两侧的历代统治者塑像，借此"让有关普鲁士的一切，在1945年以后永远从德国人的记忆中消失"。

[5] 该自相矛盾法令的英文版可摘要如下："The Prussian State which from early days has been a bearer of militarism and reaction in Germany has de facto ceased to exist ... The Prussian State ... is abolished ... "

普鲁士国旗只出现黑白两种颜色（起初甚至没有黑鹰图案，光是上黑下白），而那些"传说"就跟普鲁士的旗帜一样黑白分明，结果喜欢普鲁士的人只看见白色（如"秩序""正直"与"宽容"），不喜欢普鲁士的人只看见黑色（如"好战""反动"和"不民主"），德国人则要等到二十世纪七十年代，才打破禁忌来正视普鲁士"白"的一面。哈夫纳就在整体氛围出现微妙变化的时刻，以普鲁士人的出身、批判的态度和不存偏见的做法，探讨了那个不寻常的国度。既然哈夫纳的着眼点是要破除神话与迷思，于是我在1981年秋季决定，干脆把书名称作《不含传说的普鲁士》好了。谁知时隔三十年后，它成了本书中译版的正式标题。

* * *

普鲁士最为人诟病之处和各种传说的根源，无疑是其军国主义。现在就让我们看一个军事方面的统计数字：普鲁士国王腓特烈二世在1740年5月登基时，他的父亲（"士兵国王"腓特烈·威廉一世）留给他一支83000人的军队——当时普鲁士已将近三十年没打过仗了。

普鲁士1740年时的面积为118926平方公里，83000人的常备兵力似乎不多。然而普鲁士当时总共才220万人，因此军人占了国民的3.8%。这看起来也还正常，但继续计算下去的话，我们只会得出十分耸动的数字：其情况相当于美国在承平时期养兵1200万，或者中国和印度随时维持5000万大军！更骇人听闻的是，普鲁士那年的军费支出高达全国岁入的72.4%，随后数十年内更动辄超过80%！若在别的国家，这种国防开销恐怕早就把经济拖垮。[6] 1740年时的普鲁士却同时握有"完成战备的部队"和"装得满满的国库"，以致腓特烈二世在同年年底放胆出兵夺取奥地利的西里西亚，结果战争时断时续地进行到1763年。最后普鲁士同时跟欧陆最强大的法、奥、俄三国鏖战七年，打成了平手。莫非普鲁士天赋异禀？

那倒未必，不过普鲁士人的确具备许多美德，而美德往往源自"迫于无奈"或"后天养成"。想明白这点，我们不妨翻阅一下书中附上的几张地图。

1981年译者首度看见它们时，浮现的第一个印象是"怎么好像在下围棋？"因为那些土地互不相连，从荷兰、瑞士一直散布到立陶宛和波兰。"棋盘"的重心在易北河东方，而那里起先主要只有"勃兰登堡边区"和"普鲁士公国"两个不相干的国度：前者是神圣罗马帝国的边陲之地，乃十二世纪"东向殖民"创造出来的结果[7]；后者则为十三世纪

---

[6] 例如苏联的国防支出大约还"只"占总预算的30%左右，译者1991年（苏联末年）在莫斯科街头所见的景象，却只能用一个"惨"字来形容。

[7] 日耳曼人在公元四世纪展开"民族大迁移"，不断向西欧和南欧推进，来自喀尔巴阡山区的西斯拉夫人渐渐乘虚而入，于是大约自九世纪起，易北河以东完全成为西斯拉夫民族的地盘。

"条顿骑士团"所建立国家的残余部分,在十七世纪中叶成为自主国。历史的因缘际会,使得勃兰登堡边疆伯爵在"三十年战争"爆发那年(1618年),开始兼任普鲁士公爵。"勃兰登堡—普鲁士"不仅诞生于战争中,瑞典和神圣罗马帝国军队的来回肆虐,更导致勃兰登堡边区损失了三分之一以上的人口。[8]

等到"三十年战争"终于结束后,那个地寡人稀的国家开始创建常备军来自卫。军队虽然主要只使用为谈判时的筹码,但随着军备规模的不断扩大,财政负担日益沉重,迫使普鲁士全国上下必须以最务实的态度,做出最合理的规划、最具效率的措施,以及最精确的行动——我们大可将此简称为"穷人的俭朴美德"。哈夫纳在本书第二章,便对此做出非常精彩的叙述,说明"国家自保本能"和"国家利益至上原则",如何鞭策普鲁士在十八世纪那个崇尚理性主义、启蒙运动和开明专制的年代,逐步成为欧洲国家之典范,甚至成为全欧洲受迫害者的庇护所。那些来自欧洲各地的人才,又在工商业、科学和文化上带来了进步。十八世纪初的时候,柏林市的人口甚至三分之一来自法国,而且他们一直留了下来,例如东德末代总理德·梅西尔就是昔日法国难民的后裔。

1701年1月18日,"勃兰登堡—普鲁士"的统治者做出

---

8 例如"三十年战争"爆发之前,柏林市的居民有14000人,战后只剩下了7500人。

一个"借壳上市"的动作,在不属于神圣罗马帝国的普鲁士公国加冕为国王,其辖下宛如由一群变形虫组成的国家从此更名为普鲁士王国。此"借壳上市"之举具有两层意义。首先,勃兰登堡边区形同将自己位于帝国内部的领土"转移到境外",从此更方便名正言顺地跟帝国打对台。从另一方面来看:东向殖民者刚越过易北河的时候还是日耳曼人,但他们很快就在血源上融合成为一个半日耳曼、半斯拉夫的民族——古普鲁士人却是跟他们格格不入的"野人",使用一种让日耳曼人和斯拉夫人都听不懂的语言。换句话说,那些"新普鲁士人"决定把"异族"的名称使用为共同的国号!

这让人再度回想起普鲁士国歌的歌词:"吾列祖列宗为自由而牺牲"可烘托出普鲁士努力让国家在帝国旁边自由活动。就"无论天色昏暗或阳光普照"而言,军国主义岂不像是太阳,同时映照出普鲁士阴暗与光明的一面,逼迫普鲁士既"侵略成性"又"充满美德"?至于"普鲁士"这个"借壳上市"的国号,不正是"愿为普鲁士人"之最佳体现?

由于普鲁士王国并非民族国家,其疆域支离破碎,各地民情差异颇大,"愿为普鲁士人"便意味着认同一种特定的生活方式。若按照普鲁士哲学家康德的讲法,那叫做"只按照……能成为普遍规律的准则去行动"。特殊的历史和地理条件,再加上军事压力、财政负担和政治需求,促成普鲁士的"国家利益至上原则"结合了"启蒙运动精神"与统治者的"新教伦理",创造出所谓"普鲁士美德"[9],大致为:诚实、自制、纪律、勤奋、服从、直率、公正(各得其所)、虔诚(但宗教宽容)、刚直(严于律己)、勇气、守秩序、责任心、精确、正直、无私忘我、节俭、无畏(不自怨自艾)、忠诚、廉洁、谦逊、开明、实质重于表象、可靠。由于普鲁士最后统一了德国,而且德国三分之二的地方直接归普鲁士所有,那些"普鲁士美德"多半进而成为一般人印象中"德国人的美德"。

固然不可能人人具备这些美德,但普鲁士国家理念可以此为标准来形塑国家的统治者和国民,让他们共同替一位抽象的"普鲁士国王"效力。上述美德又可总结成"铁的纪律""强烈的责任心"与"高度的服从性",而其成效有目共睹:普鲁士在极短时间内,便从穷乡僻壤跃居欧洲五强之一。地理因素虽使得普鲁士成为"肉食动物",必须不断向外扩张和推动土地调整政策,否则国家疆域连形状都没有。但普鲁士通常却宁愿只当"食腐动物",在谈判桌上和平继承别处的土地,甚至表现得仅仅像是"刺猬"一般。军队往往只是最后的手段,能不出兵就不出兵,因此普鲁士在历史上经常连续偃兵息鼓几十年,不像英法俄老是在某地动武。但普鲁士不打仗则已,一打起来就轰轰烈烈,于是给人一种

---

[9] 关于"普鲁士的美德",可参见英文版维基百科的"Prussian virtues"条目,或德文版维基百科的"Preußische Tugenden"(后者的说明比较详尽)。

"特别好战"的感觉。其实除了腓特烈二世的西里西亚战争、1813年反拿破仑的"解放战争",以及1864年至1871年的三场战争,普鲁士打过的仗并不多。

十九世纪的普鲁士再也无法随心所欲自由行动。它先是被拿破仑击败而沦为法国附庸,接着又融入梅特涅的欧洲体系,并且与奥地利和俄国结成"神圣同盟",在1848年革命之前成为对抗民主运动和民族运动的急先锋。结果十八世纪那个理性十足,既进步又宽容的模范国度,变得既反动又充满向往中世纪的浪漫主义作风,普鲁士国王则始终未能走出开明专制的阶段。等到梅特涅体系崩溃后,普鲁士继续跟着新的时代精神齐头并进,可惜时代精神已变成民族主义和帝国主义。结果普鲁士遭到德意志民族主义绑架而走上悲剧之路。

普鲁士统一德国的行动,到头来只意味着一种"最光荣的退场机制"——大多数普鲁士人从此"愿当德国人",而且往往变成狂热的德意志民族主义者。俾斯麦终于让普鲁士"吃饱了",不必再进行扩张。普鲁士却逐步迈向死亡,被另外一个饿肚子的国家(德意志国)取而代之。普鲁士军队已转轨成为德国军队,只向德皇或"元首"个人宣誓效忠。在德皇威廉二世那个狂妄自大的时代,德国社会已全面军国主义化,几乎到了"只有穿军装的人,才算得上是人"的地步。而就在普鲁士早已名存实亡之际,普鲁士"黑白传说"却如雨后春笋一般不断冒出,而且黑色逐渐压过了白色;白色的传说则往往沦为极右保守派的宣传工具。等到希特勒上台的时候，普鲁士已在半年前死于"普鲁士政变"。希特勒却滥用了普鲁士人美德，将从前知所节制的"肉食动物"改造成纪律严明、责任心强、高度服从的"掠食动物"，制造出千古浩劫。

其实不光是普鲁士，就连德国也因为希特勒而永远留下了污名。可是把希特勒的账全部都算到普鲁士和德国头上，则未免有欠公允。我们读完《不含传说的普鲁士》以后，或许更可体会德·梅西尔以"法国胡格诺血统的普鲁士人、具欧洲色彩的德国国民、世界公民与基督徒人道主义者"之身份说出的话："把普鲁士缩减成'军国主义'与'反动作风'的做法，就跟把最近四百年来的德国历史缩减成十二年（纳粹德国）的做法一样不合理。"

周　全

2012年3月于台北

写于普鲁士腓特烈二世国王诞辰三百周年纪念

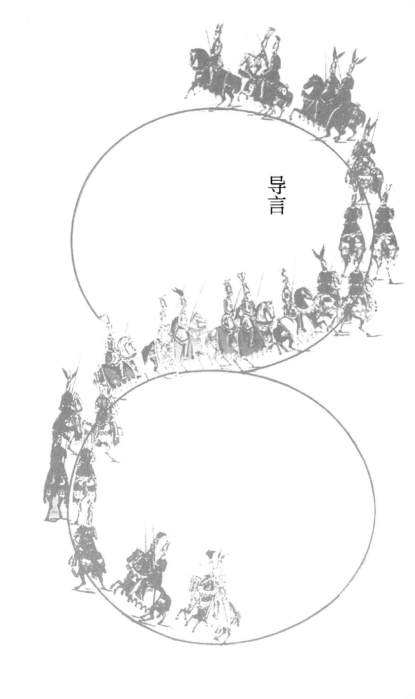

导言

大多数欧洲国家都有千年历史可供夸耀,并言之成理——如果我们不吹毛求疵的话。普鲁士却大异其趣。普鲁士很晚才在欧洲列国的星空当中现身,如流星般地升起又陨落。

"民族大迁移"尘埃落定后,今日欧洲各国的轮廓几乎皆已开始清楚浮现之际,未来的普鲁士依旧踪迹全无。接着还需要第二次较小型的民族迁移——德国人在十二、十三世纪的"东向殖民"——才仅仅得以启动普鲁士的史前史。

史前史仍不等于历史本身。因为可敬的"阿斯卡尼亚"家族位于施普瑞河与哈弗尔河流域的殖民地[1],以及"条顿骑士团"在魏克塞尔河畔[2]更加令人肃然起敬的宗教共和国,暂时又同样都一蹶不振。到了宗教改革时期,昔日条顿骑士团的国度已然变成一块不起眼的波兰属地;勃兰登堡边区则依旧是——或者再度沦为——德境各选侯国当中最贫穷落后

---

[1] 阿斯卡尼亚家族(Askanier)得名自德国中部安哈特地区(Anhalt)一座城堡的拉丁文名称——"Ascania"。该家族的根源可回溯至十一世纪,乃最资深的德国贵族世系之一。哈弗尔河(Havel)是易北河的支流,从北到南流过今日柏林市的西郊,施普瑞河(Spree)则为哈弗尔河的支流,由东向西贯穿整座柏林市。
[2] "魏克塞尔河"(Weichsel)是东普鲁士与西普鲁士的界河,即波兰文的"威斯瓦河",英文的"维斯杜拉河"(Vistula)。

的一个[3]，乃臭名远扬的强盗骑士乐土。尚未有人能够料想得到，这两个相距甚远的破落殖民地，有朝一日将共同摇身成为崭新的欧洲强权。毕竟那是两个多世纪以后才会发生的事情，更何况如同我们即将看见的，其间另有许多意外巧合发挥了作用。而即使是在1701年，当勃兰登堡选侯自称为"在普鲁士的国王"（König in Preußen）之际，这个举动看起来简直像是一个笑话。

接下来可就发展得十分快速：半个世纪后出现了一位"普鲁士国王"（König von Preußen），而且他被同时代的人们尊称为"大王"。[4] 那位国王曾经向欧陆三大强权做出挑战，并且通过战争的考验。普鲁士流星便在倏忽之间高挂天际，既亮光闪闪又熠熠生辉。

不到半个世纪之后，它就再度濒临灰飞烟灭。可是它并没有熄灭——看哪，它还在那里，它又回来了！时至1815年，这个刚在不久前无中生有冒出头来，接着又几乎沉沦于无形的国家看似终于根基稳固，与英国、法国、奥地利和俄

---

[3] 选侯（Kurfürst）或译为"选帝侯"，从十三世纪开始负责选出"罗马人的国王"（十六世纪后象征性地选出"德意志民族的神圣罗马帝国"皇帝）。1356年时确立了七个选侯，分别为：美因兹大主教、科隆大主教、特里尔大主教、巴拉丁伯爵（莱茵—普法尔茨伯爵）、萨克森公爵、勃兰登堡边疆侯爵，以及波希米亚国王。

[4] "在普鲁士的国王"总共有三位——腓特烈一世（1701—1713）、腓特烈·威廉一世（1713—1740）、腓特烈二世（Friedrich II., 1740—1772/1786）。1772年首次瓜分波兰并取得西普鲁士之后，腓特烈二世改称"普鲁士国王"。腓特烈二世被时人誉为"弗里德里希大王"（Friedrich der Große）。以下配合通用译名，仍称之为"腓特烈大帝"。

国平起平坐，被接纳为欧洲五强专属俱乐部的成员，即便它只是里面最小的一个。再过了半个世纪，这个国家却冷不防跃升为列强当中最大的势力。普鲁士国王如今已是德意志皇帝（Deutscher Kaiser）。

然而就在赢得毕生最大胜利的这个时刻，普鲁士开始一命呜呼——尽管当时还没有人能够看清此一事实，今日却人人有目共睹。普鲁士已经征服了德国，现在它反而遭到德国征服。从普鲁士的角度来看，不管俾斯麦做出了多少预防措施，建立德意志国的行动到头来只意味着一种光荣的退场形式。[5]

人们可以没完没了地争辩下去，普鲁士究竟卒于何时：

1871年，当普鲁士将自己的外交政策决定权转让给新成立的德意志帝国；

1890年，当一位来自巴登的检察官接掌德意志帝国外交部；

1894年，当一位巴伐利亚的侯爵成为普鲁士总理；

1918年，当普鲁士的君主政体一去不返；

1920年，当普鲁士陆军被并入魏玛共和国的国防军；

1932年，当共和国中央政府委派的一名全权代表罢黜了

---

[5] 德意志国（Deutsches Reich）是德国历史上的专有名词，主要用于称呼1871年至1945年间的德意志民族国家——其范围涵盖了德意志帝国（Deutsches Kaiserreich）、魏玛共和国，以及"第三帝国"。

普鲁士政府;

或者一直要等到1945年,当逃难与驱逐导致普鲁士的核心省份除了一个之外,都已经渺无人烟的时候。[6]反正最晚从此开始,普鲁士已告死亡。四大战胜国在1947年画蛇添足宣布解散普鲁士的做法,只不过是侮辱尸体罢了。

如果说没有人缅怀已经亡故的普鲁士,那是夸大其辞的讲法。然而遭到驱逐者"对失落家园的感伤",不应该被拿来跟"对普鲁士国的感伤"混为一谈。那些人们如此无怨无尤地顺应了自己新国度内的状况,反而才是值得注意(以及令人钦佩)的事情。德国在1945年以后当然有过——并依旧存在——许多"前普鲁士人"(不仅仅限定于被逐出家园者),而且那些人想到故国的某些特质,就会黯然神伤,若有所失:他们在"德意志联邦共和国"怀念普鲁士严格的秩序与诚信,在前"德意志民主共和国"则怀念普鲁士质朴的自由主义与思想开放。只不过无论是谁把想象力发挥到最大限度,也无法设想出来普鲁士究竟在何种情况下可以获得重生,于是没有人能够像许多人之前盼望德国再统一一般,也认真至极地期待普鲁士复国。德国的再统一是可以想象的事情,即便它曾经一度显得遥不可及,普鲁士的复国却不一

---

[6] 普鲁士的核心省份为勃兰登堡边区(Mark Brandenburg)、东普鲁士(Ostpreußen)、波美拉尼亚(Pommern)和西里西亚(Schlesien)。"二战"结束后只有勃兰登堡仍属于德国,后三地的德国百姓已因逃难、屠杀和驱逐而消失。

样。普鲁士已经死了,而且死者不能复生。

但正因为如此,今天我们有办法做出不一样的事情。我们可保持距离来观察这个已消逝国度的特殊性,甚至其独一无二的性质(毕竟普鲁士是一个完全人工化的产物——我们亦可称之为"一件艺术品"),能够比它还存在的时候辨识得更加清楚;而且正由于其历史已经结束,现在就摊开在我们面前,我们得以让普鲁士的历史摆脱当初与它齐头并进且把它弄得面目全非的各种传说:

一方面可摆脱"金色的普鲁士传说",而若按照那种讲法,德国的统一实为普鲁士一贯的使命,历代普鲁士国王,乃至于之前的勃兰登堡选侯,时时刻刻都在为此奉献心力。另一方面同样也可以摆脱"黑色的普鲁士传说"——普鲁士于其眼中仅仅意味着强盗作风的军国主义,而且该论点直到今天仍然将腓特烈大帝和俾斯麦视为希特勒的先驱。两种传说都属于昔日的政治宣传。前者是十九世纪德意志民族主义者的宣传,旨在役使普鲁士为其目的效劳;后者则早在十八世纪即已出现,是普鲁士各个邻邦的宣传,因为他们觉得自己受到这个可怕的新来乍到者干扰,甚至认为自己的生存面临了威胁。

事到如今,由于再也无人对普鲁士有所期待或者心怀畏惧,正适合让人趁此机会摆脱残留下来的各种传说。普鲁士并没有什么"德国使命",恰恰相反的是,帝国的衰落才促成普鲁士崛起;普鲁士的直接死因则在于它受到劝说,起心动念想担负起"德国使命"。至于普鲁士长久以来令其邻国感觉毛骨悚然,时而显得危险万分的东西,那与其说是它的军国主义,倒不如说是它的国家质量:廉洁的行政体系和独立的司法机关,其宽容的宗教政策与开明的教育制度。普鲁士在自己的古典时期,在十八世纪,非但是欧洲最新兴的国家,同时亦为最现代化的国家。现代化程度更高的法国大革命出现以后,普鲁士的危机于焉开始。从此显露出普鲁士在国家结构上的弱点,导致它开始寻觅新方法来自我合理化,最后以一场自杀性的光荣胜利告终。

普鲁士的历史是一段饶有趣味的历史,即使在今天也一样——而且正是在今天才特别有趣,因为我们已经晓得了它的结局。那段历史进展得牵丝绊藤,有着漫长的成形过程;它也结束得拖泥带水,有着缓慢的死亡经历。其间上演了一场大戏;如果我们愿意的话,亦可称之为一场大悲剧——纯粹国家理念的悲剧。

第一章

漫长的成形过程

在普鲁士的史前史阶段，条顿骑士团成为主导波罗的海地区的一股势力，柯尼斯堡则是一座欣欣向荣的汉萨同盟城市。但1410年在坦能堡的败绩，导致条顿骑士团遭到波兰步步进逼。1466年签订《第二次托伦条约》后，条顿骑士团必须割让西普鲁士、东普鲁士成为波兰的属地，骑士团大团长则移居柯尼斯堡……

经过多年的外交谈判，勃兰登堡选侯腓特烈三世终于在不动武的情况下，为自己和霍恩佐伦家族争取到国王头衔。1701年1月18日，他以法国式的豪奢排场，在柯尼斯堡举行加冕典礼，成为"在普鲁士的国王"腓特烈一世。

普鲁士的史前史很长，有好几个世纪那么长，远比它自己的历史还要长。我们该从哪里开始讲起呢？最好的出发点，或许就是"普鲁士"（Preußen）这个在意义上出现过两次惊人改变的名称。

起初它是一小支波罗的海异教徒民族的称呼，而那些人的来源和历史现在几乎已经不复可考。因为自从这个不幸的民族被条顿骑士团以非常暴戾的方式基督教化，并且在此过程中屡遭杀戮之后，征服者采用了被征服者的名字——那是个相当奇特，在历史上难得一见的现象。条顿骑士团所建立的国家后来被称作"普鲁士"，而骑士团带来此地垦殖的日耳曼人和斯拉夫人，也逐渐与残存的普鲁士原住民融合，进而把自己叫做"普鲁士人"了。至于是东普鲁士人还是西普鲁士人，端看他们定居在魏克塞尔河河口的东边或西边。众所周知，东普鲁士和西普鲁士直到二十世纪中叶还是德国最东北部两个省份的名称。二者共同构成了实际上的"普鲁士"这个地方。

但除此之外，还有一整个国家从 1701 年开始自称为"普鲁士"（即便西普鲁士原本完全不属于该国所有，东普鲁士对它来说一直只是个偏远省份，且其核心区域位于一个完全不相干的地方）。这是"普鲁士"一词在意义上的第二次重大改变：它从一个地区与部族的名称变成了国号，而更加令人困惑的事情是，原先的地区名称与部落称呼继续平行存在。从这个时候开始，"普鲁士人"便不再局限于东普鲁士人和西普鲁士人，此外还包括勃兰登堡人、波美拉尼亚人和西里西亚人，接着再加上莱茵兰和西发利亚的百姓。后来逐渐更有超过三分之二的德国人——更别说是波森的波兰人以及北石勒苏益格的丹麦人——也全部成为普鲁士人了。简言之：他们都是霍恩佐伦家族统治下的臣民[1]，而这个新兴国家从1701年开始以独立国的姿态出现在欧洲舞台，并于随后一百七十年间以出人意料的方式全方位进行扩张。

这个名称的确令人惊讶，需要好好解释一下。霍恩佐伦家族并非出身自普鲁士境内：他们本来是德境南方的贵族，其下榻地点不在柯尼斯堡，而是柏林或波茨坦；其国家的核心地带则从来都不在原汁原味的普鲁士，反而始终是勃兰登堡边区。他们干嘛把自己的国家叫做"普鲁士"？为什么不称之为"勃兰登堡"呢？有很好的理由让他们决定要这么做，而且其理由可以远远回溯到普鲁士的史前史。如果缺乏那方面知识的话，便无法明白其中的道理。

正如同已经提到过的，那段史前史非常漫长，它不但为时超过五百年，并且很难用三言两语解释清楚。不过我们还

---

[1] 霍恩佐伦（Hohenzollern）亦音译为"霍亨佐伦"或"霍亨索伦"——但"霍亨"和"索伦"都来自不正确的德语发音。

是打算试着这么做。但如果想把它成功进行到底的话，我们就绝不可迷失在细节中，必须仿佛观察地球历史一般，从"地质层"来解读其各个阶段的发展。而当我们这么做的时候，一眼就可以看出三个不同层次。

其中最古老的层次——我们不妨称之为"普鲁士太古史"——是殖民时期的历史，涉及了两个德国殖民地草创、兴盛和倾颓的经过。它们分别是阿斯卡尼亚家族在勃兰登堡，以及条顿骑士团在普鲁士的殖民地。这段历史开始于十二和十三世纪之交，结束于十四和十五世纪，而且一丝一毫也无法让人看出日后普鲁士强权的任何征兆。尽管如此，这一段殖民时期的历史却是普鲁士的起源与根本。虽然普鲁士尚未立国，日后普鲁士所特有的人口结构与社会结构非但已在此太古时期成形，更将以大同小异的方式一直维持到二十世纪。

那个国家唯有在"普鲁士"与"勃兰登堡"有了共同的统治者之后，才开始逐渐形成。此二地区的融合过程，便构成实际上的普鲁士史前史，亦即年代稍晚的第二个"地质层"。它延续的时间同样也将近两个世纪，而且那已经不再是殖民史，反而演变成朝代的历史和诸侯国的历史。说得更精确些，那是一个特定统治者家族——霍恩佐伦家族——的历史。霍恩佐伦家族迟至十五世纪初叶才来到勃兰登堡边区，更还要过了整整一个世纪之后才在东普鲁士登场。他们与之前殖民时期的历史完全无关，至于他们在两地现身一事，起先多少都是出于偶然。除此之外，1415年被德意志皇帝册封到勃兰登堡边区的该家族成员，以及1525年从波兰国王那边获得普鲁士公爵头衔的该家族成员，分别属于两个不同的世系。不过，霍恩佐伦证明自己是一个坚忍不拔、充满企图心的家族，对土地继承权、家族财产以及家族权力具有独到眼光。时至1618年，历经各种政治婚姻、继承条约与共同受封之后，该家族终于把所拥有的土地集中在同一人手中，统治区的面积则扩大了一倍。如此可谓已孕育出一个胚胎，将在八十三年后诞生那个国家。[2]

这八十三年——亦即普鲁士史前史年代最新和最后的一个"地质层"——已有别于太古史和史前史，可以被称作普鲁士国家成形的历史。它不再仅仅是一个朝代的家族史和继承史，而已经演变为国家的历史。其最杰出的人物，"大选侯"腓特烈·威廉，率先（在某种程度上甚至是提前）致力于创造出一种国家理念，而它就在随后一百年内，决定了这个新兴国家令人惊讶的作为与表现。

现在让我们拉近距离观察一下普鲁士史前史的三个层次。第一个和最下面的层次，如前所述就是殖民时期的历史——或者更精确地说，那只是其中的一个片段，因为在"中世纪全盛时期"的德国东向殖民过程当中，也涉及了从

---

[2] 从1618年开始，勃兰登堡边疆侯爵与普鲁士公爵为同一人。1701年成立普鲁士王国之前的八十三年间，其国号因而是"勃兰登堡—普鲁士"（Brandenburg-Preußen）。

未隶属于普鲁士的国度（如萨克森和梅克伦堡），或者很晚才归普鲁士所有的地区（如荷尔斯泰因）。但即便如此，日后普鲁士的四个核心省份（勃兰登堡、波美拉尼亚、西里西亚，以及"普鲁士"本身），已经能够充分显示出，被归类到"德国东向殖民"这个名目下面的事件多么风格迥异，并且产生了多么不一样的结果。

东向殖民的三种模式

殖民永远都是侵略,意味着较弱势的民族和文明遭到较强势者征服。不过殖民也总是意味着进步,而那正是由于一个较弱势和较原始的文明让位给了较强势和较高明者。殖民因而永远夹杂着坏的一面与好的一面,对它的评价则总是取决于好的一面是否足以弥补坏的一面。

最理想的情况,当然还是不殖民就促成进步——亦即如果各民族能够像日本在我们这个时代所做的那般,主动将发展程度较高的外来文明化为己有。中世纪的欧洲也发生过类似的事情。那个殖民年代的"日本"就是波兰,而它早在公元十世纪——几乎跟德国同一个时候——就已经自愿变成了一个基督徒的王国。稍微资浅一点的波希米亚和匈牙利,亦即"圣瓦茨拉夫王冠"与"圣斯特芬王冠"的国度,同样也透过接受基督教义和吸收基督徒高度发展的文明,躲过了惨遭殖民的命运。此类的东欧"路障"多少使得德国的殖民浪潮受到阻挡。毕竟东向殖民总是打着"宣扬基督教义"的旗号来进行,而这种做法在那些国家可就行不通了。结果东向殖民时的对象(亦即身受其害者),都是一些规模较小、实力较弱、"低度开发"（也就是"异教徒"）、置身德国与波兰之间的部落。在十二和十三世纪时，德国的僧侣、骑士和农民给那些部落带来了基督教义与"文化"——再加上外来移民和异族统治。那无论在任何地点都无法以不流血的方式进行。

但东向殖民在程度上出现了很大的差别。我们可从中明显分辨出三种模式。

基督教化与殖民化的工作，在波美拉尼亚与西里西亚进行得最为温和。两地早在德国人过来之前即已"半基督教化"。其斯拉夫裔的部族领导人（在西里西亚往往是波兰后裔）多半都已经信仰基督教义，统治着异教徒的子民，他们为了巩固自己的政权，于是把德国的僧侣和移民请来担任"发展援助人员"。我们固然无法表示，那些德国人是差劲的援外工作者；但我们也无法否认，援外工作往往会变质成土地侵占，而和平传教有可能沦为强迫受洗。此外经常出现的情况是，实际过来的人数不但远远超出了要求，接着又有更多人涌进来。其间当然免不了爆发过冲突与流血事件，但是西里西亚和波美拉尼亚并未出现真正的军事征服——两地的日耳曼化循序渐进，所采取的方式是移入者与原住民和平融合。此外我们也不应该做出这样的想象，于是误以为迁移过来的德国土地贵族类似在库尔兰、利沃尼亚[3]和爱沙尼亚等

---

3 库尔兰（Kurland/Courland）位于今日拉脱维亚西部；利沃尼亚（Livland/Livonia）位于今日拉脱维亚北部和爱沙尼亚南部。

地所发生的那般，以上层阶级的身份直接被移植到当地斯拉夫农民阶层的头顶。

在波美拉尼亚与西里西亚封建社会金字塔的每一个层级，都出现了通婚的现象，从诸侯豪门、地方贵族直到一般农民皆如此。那是一个为时长达数百年的进程。德国人所带过来的语言以及较优越的基督教文明，在此过程中逐渐蔚为主流。但即便如此，容克贵族家庭成员的狮子鼻，以及出现于许多容克贵族姓氏结尾的"ow"和"itz"等字根[4]，仍然继续见证着当地统治阶层的斯拉夫血统。那完全不能被称作种族灭绝，甚至无法真正算是征服原住民，反而是在移居过来的同时，于不知不觉中因渗入而产生了质变。

勃兰登堡边区的殖民过程可就粗暴多了。当地的殖民工作是由"阿斯卡尼亚家族"在十二世纪加以完成。该统治者家族的创建者——"熊罴"阿尔布雷希特——固然曾被一位改信基督教义的文德族诸侯[5]指定为继承人，于是合法取得了勃兰登堡边区的一个小角落。可是那里其余大部分地区，却是他请求皇帝赐封给他的采邑（异教徒的土地乃"无主之

---

[4] 此处的"狮子鼻"（Stupsnase）指的是较短而稍稍往上翘的鼻子（snub nose）。"ow"这个字根相当于斯拉夫姓氏结尾的"ov"（欧夫），但在德国姓氏中读成"沃"——例如"比罗"（Bülow）、贝罗（Below）；"itz"则出现于德国姓氏结尾当中诸如"尼茨"、（-nitz）、"维茨"（-witz）……之类的音节。

[5] 在中世纪的时候，"文德人"（Wenden）通常意谓神圣罗马帝国境内的西斯拉夫人。今日他们主要被称作"索布人"（Sorben），分布于前东德东南边陲的斯普瑞河流域，人数超过六万。

地"），被他以不折不扣的战争行动加以征服，而且在征服后的数十年内仍不断出现叛乱与镇压。那是一段血腥的历史，会让人看了很不舒服。除此之外，等到勃兰登堡边区被征服完毕后，德国移入者与当地文德族原住民的融合，进行得也不像在更东边的地带那般彻底：勃兰登堡边区的文德人一直到了十八和十九世纪，往往都还自愿或被迫聚居在城市郊区，亦即所谓的"栖此"。[6] 而众所周知的是，在当时几乎仍然与世隔绝的"施普瑞森林"，有一小支拥有自己语言和习俗的文德族人定居了下来，不断繁衍生息直到今天。

就另一方面而言，勃兰登堡遭到征服与殖民之后，发展得远较波美拉尼亚和西里西亚快速许多，变成了独具一格的重要地区。当后二者仍继续长年处于小诸侯国林立的蒙昧状态时，勃兰登堡的边疆伯爵们却立即跃居最高阶德意志贵族之林。早在十三世纪的时候，他们已经以"帝国总司库"（Reichskammerer）的名义加入了"选侯"这个小圈子，负责选出德意志的国王；勃兰登堡则在阿斯卡尼亚家族的鼎盛时期，成为帝国境内的一股强大势力。可是自从阿斯卡尼亚家族绝嗣以来，这股势力再度消逝。新登场的贵族桀骜不驯，而勃兰登堡边区在不断更迭的诸侯家族统治下已然形同"狂野的东部"，以致讲求拳头法则的强盗骑士大行其道。

---

6 "栖此"（Kietz）亦拼写成"Kiez"，是古代德国东部城市郊外的斯拉夫人聚集区。这个字眼源自斯拉夫语系的"chyza"，意为"茅屋"或"房舍"。

我们不必继续对此好奇下去。在这里仅仅需要指出的是：勃兰登堡边区殖民历史的演进方式，与波美拉尼亚和西里西亚的状况差异颇大，而且无论在好的方面或者坏的方面都要更胜一筹。其殖民过程一方面更加粗暴和血腥，另一方面却在政治上成果丰硕许多，并更加具有建设性。"熊罴"阿尔布雷希特是一个残酷的征服者，然而阿斯卡尼亚家族的勃兰登堡边区直到再度没落之前，却是一个十分体面和充满活力的国度。不知怎的，一切殖民历史都具有这两种面向，只不过两个极端之间的距离可大可小罢了。

两极之间的距离，在原始的普鲁士又远远凌驾于勃兰登堡之上。这是我们现在必须较仔细进行观察的对象。条顿骑士团在魏克塞尔河畔的普鲁士国度所进行的征服与镇压，是一部骇人听闻的历史；可是骑士团建立于被征服土地之上的国家，却是当时的一个小型世界奇观。这个早期原始普鲁士的没落与倾覆，则直接导引出日后普鲁士强权的开端。

普鲁士刚开始遭到殖民的时候，出现过长达数十年的血腥屠杀，那几乎称得上是种族灭绝，可与日后北美印第安人几乎惨遭欧洲移民灭绝一事相提并论。在这里没什么好掩饰的。有两件事情可以解释那段历史为何如此恐怖：一是征服者的十字军精神，二是他们与被害者在文明上的巨大落差。我们先从后者开始讲起。

殖民时期易北河与奥德河流域的异教徒斯拉夫人，毫无疑问在物质文明、精神文明与宗教文明等方面落后于他们的基督徒殖民者；但他们本身还没有落后到无法被同化和无法向前发展的地步。魏克塞尔河下游的异教徒普鲁士人，或"普鲁森人"，在德国人（以及波兰人）的眼中却并非落后的亲戚，反而根本就是野人：他们是一个异类民族，既没有文字也没有历法，口操一种让日耳曼人和斯拉夫人同样听不懂的语言，[7] 而且有着令其基督徒邻居们觉得野蛮的习俗——诸如一夫多妻制或弃养婴儿——更何况他们还特别骁勇善战。当那些基督徒邻居来到普鲁士担任传教士或殖民者，重新展开波兰人在条顿骑士团之前已经徒劳无功尝试过的工作时，所产生的冲击只会特别可怕。

加倍可怕的是，那些传教士和殖民者才刚刚参加过十字军东征，所带回来的口号为："杀死异教徒！"在勃兰登堡边区，征服与传教完全是两码子事：世俗的征服者仅仅要求对方归顺；基督教义的传播工作则是由文职的僧侣负责进行，而且他们带来了许多有用的技术，以勃兰登堡边区最重要的传教团体"熙笃会"（Zisterzienser）为例，其成员是沼泽地排水的专家。在普鲁士却是由恣意征服的条顿骑士团用剑来传播基督教义。洗礼是他们向错愕莫名的普鲁士人所提出最优先和最重要的要求。凡是不愿领洗的

---

[7] "普鲁森"（Pruzzen）亦拼写成"Prußen"或"Prussen"，乃普鲁士（Preußen/Prussia）得名的由来。普鲁森人（古普鲁士人）的语言属于印欧语系波罗的海语族，是立陶宛语的远亲。

人，就只有死路一条。对普鲁士人而言，骑士团的入侵是可怕的强暴经验——全副武装的陌生人不由分说地闯进其国度，以他们听不懂的语言要求他们不理解的事情，并且杀死不立刻顺从的人。

那持续了将近十年之久，从1242年到1249年。紧接着是坟场般的宁静。然后突然在1260年大规模爆发了"普鲁士起义"，宛如森林大火般席卷整个国度。那是古普鲁士人于绝望中所做出的表现，由于在政治上组织不良而几乎令人难以理解。反抗行动起初大获全胜，而报复时的残酷手段与当初征服时的暴行不分轩轾。长久下去以后，骑士团占优势的军事文明当然决定了战果，但一场小规模的战争仍然肆虐了整整十五年，其间种族灭绝的色彩益发浓厚。不过奇迹般地，此后竟然还是有一些普鲁士人存活下来。

反正情况就是这样。与普遍流行看法相反的是，古普鲁士人并没有遭到彻底铲除。他们的残余人口进而在随后一百年内，与如今被招募过来的殖民者彻底混合（但同样并非完全没有求助于暴力），以致其语言和历史已经荡然无存。那些殖民过来的群众受到骑士团国家极力奖助，其成员不但有德国人，而且也包括了邻近地区已成为基督徒的斯拉夫人，诸如卡苏本人、马苏里亚人、马索维亚人以及波兰人——骑士团从不挑三拣四。尽管骑士团成员遵守僧侣的清规戒律而没有后代，却照样想要拥有信仰基督教义的新普鲁士百姓，并且把他们创造了出来。

骑士团本身固然是非常可怕的征服者，接着却以令人钦佩的表现，展开了殖民与建国的行动。继十三世纪骇人听闻的暴行之后，在十四世纪出现了一段盛世，让骑士团国家宛如玫瑰般地繁荣绽放。它起源自德国殖民时期历史当中最可怕的一个段落，可是那么血淋淋诞生出来的国度如今却脱胎成为模范殖民地。类似的情况在历史上层出不穷：先是发生了惨剧，接着有新的人群过来，兴高采烈地在坟场上面安身立命。

在十四世纪的时候，条顿骑士团国家的现代化程度显得异乎寻常：它是一个夹在封建君主之间的宗教共和国，在顶端有一位被推选出来的"大团长"（Hochmeister），其周围有一个"咨议会"（Kapitel），情况好比是今日的国家元首或总理与其内阁会议。全国被划分为二十个行政区（Bezirk），各自接受大团长的指挥，由一位"总执事"（Komtur）配合"参事会"（Konvent）加以治理。他们全部都是骑士团成员，乃某种形式的国家公务人员，而非如同其他地方那般的封建领主——骑士团规定禁止拥有私产，而且全体团员皆未婚，因为骑士团的誓词要求他们独身禁欲。骑士团的补充人员来自帝国内部，其"德意志团长"（Deutschmeister）不断在帝国境内招募新血，并且毫不费力就能够完成工作。因为骑士团很快即已——按照当时的字义——建立起"养育院"（Hospital）这个口碑，可让德意志诸侯家族的年轻子弟们获得良好机会来出任高职。骑士团则可从中挑选最优秀的人才，并于长时间内受到良好治理。

先有了国家，接着这个国家创造出自己的百姓——由移民所构成的人口，而他们一抵达自己的新天地便发现凡事皆已安排妥当，并且被分配到自己的土地。那是一个因为战乱而几乎空无一物的肥沃国度，一个对能干者来说机会无穷的国度。那些新移民都非常能干，于是普鲁士在十四世纪的时候十分丰饶，远比其他德国殖民地都要来得富庶，拥有诸如但泽和柯尼斯堡之类快速成长的城市，以及长于经营的贵族（那是纯粹的经济贵族——政治事务归由骑士团掌管），当地农民所享有的自由与财富更远非周遭封建领地所能及。一个幸福的国度？

可是那个国度并不幸福。其"各个等级"日趋繁荣之后，只会越来越觉得骑士团是外来的统治者。他们在某种程度内确实始终如此。因为条顿骑士团刻意自帝国内部补充新血，而非从自己境内的贵族和上等阶层当中就地取材。后者则把充满羡意的目光投向邻近的波兰，望着当地贵族的势力不断坐大，让波兰王国变得越来越像是一个贵族共和国。等到骑士团在十五世纪陷入一长串对抗波兰和立陶宛的战争时，赫然发现自己的"各个等级"——其百姓——起初还半遮半掩，最后则是明目张胆地完全跟敌方沆瀣一气。骑士团国家因而沦亡——但除此之外，原因也在于骑士团本身的逐渐变质和劣化。毕竟长时间下来以后，"安贫""守贞"与"服从"很难抵挡得住权力的诱惑。

我们在这里快速回顾的时候,刻意不对人名和日期多加着墨。我们既不曾提及诸如赫曼·冯·萨尔札、温利希·冯·克尼普罗德、海因利希·冯·普劳恩之类著名的大团长,我们甚至也不打算谈论广受歌颂的"坦能堡战役"(1410年)——条顿骑士团第一次遭受的严重挫败,而且那在某种程度上可谓是其波兰战争中的"马恩河会战"。[8] 那场战争走入了德国与波兰的历史神话,在此为"英雄挽歌",在彼则是"解放欢唱"。但它其实并没有决定任何事情。毕竟条顿骑士团对抗波兰的战争,在"坦能堡战役"之后又继续进行了半个多世纪。但其间有个年份数字还是必须一提,因为它对条顿骑士团的历史和普鲁士的史前史都意义重大:1466年,亦即签订《第二次托伦条约》的那一年。骑士团国家于签订该条约之后丧失了独立性,必须以波兰为宗主国。西普鲁士完全被割让给波兰(接下来几个世纪内不断涌入了波兰移民,而且他们过来以后就再也没有离开)。东普鲁士虽然仍归骑士团所有,却只能算是波兰分封的采邑。那是一道深邃的历史切口。

日后的德意志民族主义史学论述把它看成是国家的灾难。当时却没有人作此感想。在十五世纪还没有人以民族主义的概念来进行思考,条顿骑士团的德意志子民们反而

---

[8] 马恩河会战(Marneschlacht)发生于1914年9月上旬,是第一次世界大战时期西线战场的转折点。德军于巴黎城外自行后撤,打胜仗的机会从此一去不返。

觉得，转移至作风松散许多的波兰宗主权是一种解脱。皇帝和神圣罗马帝国则对此不闻不问。东普鲁士转而成为波兰的属地之后，便创出第一个先决条件，使得日后可在其土地上组成一个新而自主的国家：普鲁士从此已不归属帝国所有。即便东普鲁士还要再过几个世纪才有办法摆脱波兰，但此刻已在无意间踏出创建未来普鲁士国家的第一步。

1525年接着又踏出了第二步：最后一任大团长利用宗教改革的机会，在那年解散条顿骑士团国家并自立为世俗化的"普鲁士公爵"——不过可想而知的是，他仍旧必须以波兰为宗主国。那是一段不怎么振奋人心的历史，情况与宗教改革时期许多诸侯家族的历史没什么两样：众所周知的是，其他诸侯往往也把宗教改革视为大发利市的机会，将纯粹的宗教教义拿来充当掠夺教会财产的借口。那位末代大团长甚至还背叛了自己的职务，以及背叛了那些选举他出任该职务的人们；他固然为此被帝国"剥夺法律保护"，但一切其实都对他不痛不痒。他虽遭到谴责，却不受挑战地继续统治了几十年，甚至表现得还不算差劲（他是柯尼斯堡大学的创办人）。他如同其他任何世俗王侯一般地娶妻成亲，并且把他自己的公国遗留给一个精神失常的儿子。

就这位不忠不义的末代大团长和第一任普鲁士公爵而言，若非他本身属于某个特定家族，他那段有些不光彩的历史几乎不值得一提。他来自霍恩佐伦家族，名叫阿尔布雷希特·冯·勃兰登堡—安斯巴赫,而由于他的缘故,东普鲁士与勃兰登堡边区一起落入同一家族手中。再自然也不过的后续发展是,那个家族从此开始竭尽全力,务必要让同一人来掌控勃兰登堡边疆伯爵与普鲁士公爵的领地。

霍恩佐伦家族的权力政治

我们于是来到普鲁士史前史第二个"地质层"的中央部分。那不再是殖民时期的历史,而已经成为诸侯家族的历史——霍恩佐伦家族权力政治的历史。后来随着霍恩佐伦家族相继出任普鲁士国王和德意志皇帝,这段历史遭到了过度渲染,以致十五和十六世纪的勃兰登堡选侯们都被讲得活像是已经积极展开行动,为日后普鲁士——甚至德国——的伟大而贡献心力。其实他们当中没有任何人曾经那么做过,连一个也没有。他们只不过是普普通通的德意志地方诸侯,并不比许多如今早已遭人遗忘的同时代诸侯来得高明或拙劣,而且他们所推动的,是跟其他每一个诸侯同样小鼻子小眼睛的家族政策:千方百计借由政治婚姻和继承政策来取得"继承要求权",并尽可能将许多领地集中成为家族资产。此外我们可以发现他们既不断抗拒逐渐衰弱的帝国中央权力,而且在另一方面也持续与自己的三个"等级"——贵族、教士和城镇——针锋相对,因为后者正如同他们自己抗拒皇权一般,总是在抗拒诸侯的中央权力。那种如今只会让人看得兴味索然的投机活动与拉锯斗争持续进行了两个世纪。勃兰登堡边区的霍恩佐伦家族耗费一个世纪的时光，才或多或少得以驯服当地的强盗骑士；其"继承要求权"则还要等到又过了一个世纪之后，才终于开花结果。

霍恩佐伦最初是一个"施瓦本"的贵族家族，在十二世纪末叶来到"弗兰肯"，于随后两百年内成为"纽伦堡城堡伯爵"（但那只是一个荣衔而已，并不表示真正的统治权[9]），并分别在"安斯巴赫"和"拜罗伊特"一带取得了两块小诸侯的领地。[10] 他们在那两百年间取得功名的方式，主要是靠出任帝国行政官员，而非在地方上当诸侯。以第六任纽伦堡城堡伯爵为例（后来他在 1415 年成为霍恩佐伦家族第一任的勃兰登堡边疆伯爵），他之所以能够出人头地，是因为担任了西吉斯蒙德国王的顾问和代办——他曾经透过自己的外交手腕促成西吉斯蒙德当选国王[11]，为此获得勃兰登堡边区做为酬庸。那是名副其实的国王奖赏，意味着身份地位的巨大提升。然而它同时也是一个沉重的负担，随即只

---

9 施瓦本（Schwaben）亦称"斯华比亚"（Swabia），位于德国西南部，大致相当于日后的符腾堡王国——其首府为斯图加特。弗兰肯（Franken）亦称"法兰克尼亚"（Franconia），位于今日巴伐利亚的北部，其第一大城为纽伦堡。纽伦堡乃帝国自治城市，纽伦堡城堡伯爵（Burggraf von Nürnberg）无权干预城内事务。

10 安斯巴赫（Ansbach）为"中弗兰肯"（Mittelfranken）的首府；拜罗伊特（Bayreuth）或译为"拜鲁特"，是"上弗兰肯"（Oberfranken）的首府。两地都位于纽伦堡附近，从十九世纪开始归巴伐利亚所有。

11 西吉斯蒙德在 1411 年当选"罗马—德意志国王"（Romisch-deutscher König），1433 年才成为皇帝。

会让这位被拔擢者感觉消受不起。他很快就离开了勃兰登堡边区,因为跟当地嚣张跋扈的贵族之间的争斗进行得既不愉快又不顺利,让他泄了气。他的儿子也未能终老于此,而第三位霍恩佐伦边疆伯爵更难得踏上自己的土地。

对这个施瓦本—弗兰肯政治家族而言,帝国的各种事宜与业务还是有趣得多,远非他们在偏僻的"帝国吸墨沙盒"[12]新获得的领地所能及。霍恩佐伦家族一直要到了第四代才终于在那里扎根,勉强如同其他地方诸侯那般就地处理政务。此外他们仍旧和从前一样,对于在别处创造"继承要求权"一事至少同样兴致盎然(那是在帝国西部,但也在波美拉尼亚,而且已经开始在西里西亚)。可是无论他们再怎么处心积虑安排,长时间内还是乏善可陈。接着发生了一场突如其来的意外,将最大的"继承要求权"——继承普鲁士的资格——投入他们的怀抱。

无巧不成书,对条顿骑士团国家进行宗教改革,并且把它世俗化的末代大团长,刚好就是霍恩佐伦家族的成员。在此之前,霍恩佐伦家族与骑士团毫无任何瓜葛。更何况当时勃兰登堡的霍恩佐伦家族统治者——约阿希姆一世——并未插手涉入其亲戚在普鲁士的叛教行动,即便此事突然为整个家族开启了如此惊人的未来前景。约阿希姆一世非但未曾涉

---

[12] 勃兰登堡边区由于土壤贫瘠多沙,被讥为"德意志民族的神圣罗马帝国之吸墨沙盒"(Streusandbüchse des Heiligen Römischen Reiches Deutscher Nation)。

入,本身还是宗教改革的死对头,并且与他同时担任马德堡大主教与美因兹大主教(以及身为"赎罪券"著名贩卖者)的亲弟弟紧密结盟。那一位远房堂兄在普鲁士的所做所为令他深恶痛绝,于是一直要等到这位勃兰登堡边疆伯爵死后,霍恩佐伦家族才开始正视自己在普鲁士始料未及的机会。

接下来他们可就进行得非常彻底。约阿希姆二世不仅违背自己真正的宗教信仰,也在勃兰登堡边区推行宗教改革;他更趁着普鲁士的老阿尔布雷希特在1568年去世的机会,做出种种努力和让步而争取到波兰国王首肯,成为其普鲁士遗产的共同受封者。除此之外——为求绝对保险起见——他的两名子孙还分别与普鲁士公爵"傻子"阿尔布雷希特·腓特烈的两个女儿成亲。[13]可是那位公爵出乎每个人的意料之外,竟然活了很久很久——其"执政期"为时长达整整五十年。一直要等到约阿希姆二世的曾孙才总算顺利继承完毕,使得勃兰登堡和普鲁士终于集中在同一位霍恩佐伦统治者的手中。那时已经是1618年。

我们把上述一切都解说得很快,因为对今日的读者来说,此类诸侯家族政治的相关细节实在没什么意思。但我们

---

[13] 阿尔布雷希特·腓特烈(Albrecht Friedrich, 1553—1618)由于精神失常而被称作"傻子"(此外他的儿子全部夭折,只有女儿)。"傻子"跟约阿希姆二世(Joachim II, 1505—1571)是平辈(曾祖父为同一人,但双方的年龄出现巨大落差)。后来约阿希姆二世的孙子续弦娶了"傻子"的四女儿;其曾孙约翰·西吉斯蒙德(Johann Sigismund, 1573—1619)则迎娶"傻子"的长女为妻(他自己的"姑婆")。约阿希姆二世的后代因而同时有权继承勃兰登堡和普鲁士。

第一章 漫长的成形过程

千万别忘记了,那一切其实进展得如同蜗牛般缓慢:

1415年——霍恩佐伦家族来到勃兰登堡边区;

1466年——条顿骑士团国家成为波兰的附庸国;

1525年——有一位霍恩佐伦家族的成员被波兰国王册封为普鲁士公爵;

1568年——勃兰登堡的霍恩佐伦家族成为普鲁士的共同受封者;

1618年——开始继承普鲁士。

这呼的一下就读过去了,让后人感觉仿佛像事先在路上安排好的一连串停靠站,直直通往霍恩佐伦家族的普鲁士国家。然而其间交织着几个世纪的光阴,而且在前往每一站的途中都有整个世代的人们生老病死,完全不晓得下一站是何模样、到底还会不会出现下一站,以及一切将如何继续走下去。事实上每一次都可能出现截然不同的后续发展。日后霍恩佐伦家族的神话把它呈现得活灵活现,仿佛这个家族在天意的安排下,几个世纪以来都目标明确、目光远大地不断致力于创建日后的普鲁士,为它"奠定基础"。甚至一直到了二十世纪,学童都还必须满怀虔敬的心,将条顿骑士团的事迹与勃兰登堡选侯们的统治年代倒背如流,仿佛那分别是他们自己国家的旧约和新约圣经一般。

但真实的情况是,假若当初有人告诉十五和十六世纪的勃兰登堡选侯们——更遑论十三和十四世纪的骑士团成员——他们正在替未来的普鲁士国家铺路,他们全部都只会大吃一惊；更何况后来还需要出现许多巧合，才使得勃兰登堡选侯同时也变成了普鲁士公爵。普鲁士国家成形时的"偶然性""随意性"，以及颇为欠缺的"可说服性"，便宛如坏仙女放进摇篮里面的诅咒礼物一般，在整部普鲁士历史当中一直黏附在那个国家的身上。就某种意义而言，普鲁士不见得有存在的必要，它未必应该在那里。普鲁士不同于其他任何欧洲国家，它总是可有可无，而且终其一生都需要依赖过度发达的"国家求生意志"和"军事自保动能"，才得以弥补这种出生时的缺陷。

喜欢打破神话而非创造传说的腓特烈大帝，曾经在自己那本《勃兰登堡家族历史回忆录》里面写道，其家族的历史实际上要到了约翰·西吉斯蒙德的时候，才开始变得有趣起来。原因倒不在于那位选侯的个人特质。他是一位无足轻重的统治者，仅仅在位十一年（从1608年到1619年），由于暴食和狂饮很早便毁掉了自己的健康——他在四十七岁去世之前的许多个年头其实已经无法视事。然而刚好就在这位耽于享乐的巴洛克君主任内，有两大继承要求权得到落实，导致他巨幅扩充自己的统治区，拓展了国家未来的前景：先是1609年在西方取得了利希—克雷弗，但由于当地的继承权始终受到争议，勃兰登堡便突然卷进法国与荷兰等西方强权的政治角力；接着就是1618年在东方取得普鲁士，随即又陷入瑞典与波兰较劲和冲突的现场。疆域的巨幅扩充于是也产生沉重负担，在政治上带来新的要求和威胁。我们可以表示，霍恩佐伦家族自从落实了这些继承权之后，就"被迫必须不断追求伟大"，而这从此又变成普鲁士的国家生存法则。

但是要等到约翰·西吉斯蒙德的孙子才看清这一点。他的儿子，一个特别软弱胆怯的统治者，受困于完全不一样的压力：1618年非但是勃兰登堡和普鲁士开始成为"共主邦联"（Personalunion）的年份，它更是"三十年战争"爆发的同一年。勃兰登堡边区曾在"三十年战争"期间长年遭到彻底蹂躏，人们因而可以合理地怀疑它是否还会有办法重新爬起来——它曾经承受瑞典和帝国的军队摧残，而勃兰登堡选侯只能无助地在双方之间来回摇摆；最后勃兰登堡甚至还被自己的部队荼毒——选侯于危急存亡之秋将士兵招募过来，可是却又无力支付，结果他们非但没有办法驱除外侮，反而变成了第三场全国性的灾难。幸好偏远的普鲁士大致未受战火波及，并且在战后一度成为霍恩佐伦辖下各个领地的中心，以及重建时的根据地。除此之外，尽管霍恩佐伦的疆土曾经受过重大伤害，《西发利亚和约》最后还是将该家族列为战胜者，而这在两方面产生了重大意义：皇权的衰落使得他们跟其他所有的诸侯一样，在帝国内部形同享有自主权（但在普鲁士尚未如此，因为波兰仍为其宗主国）；同时他们新获得了重要的土地——在东边有"后波美拉尼亚"和"卡缅"，在西边则为"明登"与"哈尔伯施塔特"两个昔日的主教区，此外并取得"马德堡主教区"的继承要求权。霍恩佐伦家族的势力在1648年之后已经相当可观，与维特尔斯巴赫家族、韦廷家族和韦尔夫家族列为同一级[14]，只差还不能跟哈布斯堡家族并驾齐驱而已。然而其统治区是由两大三小五个互不相连的疆域共同组成，只有马德堡与勃兰登堡直接接壤。每当统治者从一个领地前往另一个领地的时候，都必须穿越外国国境。即便他自己的各个领地也无法构成统一的国家，反而分割成七八个辖区，完全是透过共主的关系才得以连结在一起。统治者所戴上的冠冕并非一顶，而有七八顶：他是勃兰登堡边疆伯爵，普鲁士、波美拉尼亚、马德堡以及克雷弗的公爵，马克（在莱茵兰）的伯爵，明登侯爵，哈尔伯施塔特侯爵。其辖下每一个诸侯国都分别具备自己的机构和特许权，并于相当程度内拥有自己的法规。统治者在每一个诸侯国都会遭遇到不一样的内部阻力，以及对其君主权力所施加的限制。因为每一个诸侯国都希望按照自己的老方式，由自己的"各个等级"来治理。

---

14 维特尔斯巴赫家族（Wittelsbacher）统治巴伐利亚，韦廷家族（Wettiner）统治萨克森，韦尔夫家族（Welfen）则统治汉诺威。后来韦尔夫家族并建立了英国的汉诺威王朝；韦廷家族则建立英国的萨克森—科堡—哥塔王朝（Sachsen-Coburg und Gotha）——1917年时更名为"温莎王朝"（House of Windsor），沿用至今。

大选侯的悲剧

统治者于此情况下所面临的任务不言可喻。他必须竭尽所能把地理上互不相连的辖区衔接起来，也就是要想方设法取得或征服横隔在中间的土地；同时他必须把自行其是的各个领地结合成一个完整的国家。然而二者其实互为因果：因为国家若不统一，便无力对外进行扩张性的"土地调整政策"（Arrondierungspolitik）；可是如果没有办法顺利完成"土地调整政策"的话，国家就无力对内驯服地方分离主义。那是一项艰巨万分、实际上难以达成的双重任务！

有一个人曾经在自己将近五十年的统治时期，不断致力于这项双重任务，最后以"大选侯"之名走入历史。这个荣衔他当之无愧——他的一生和他的作为确实具有伟大之处。可是若有人进而将之赞誉为"普鲁士的真正创建者"，那就言过其实了。因为大选侯于其充满非凡英雄奋斗的漫长人生当中，能够顺利完成的事情非常有限，事实上只办好了一项工作：促成普鲁士（东普鲁士）获得自主地位，让这个国度在1660年摆脱波兰的宗主权。但不管怎么样，历经一场既漫长又血腥的瑞典——波兰战争——再加上两次更换盟友之后所赢得的这项成就，将为他的子孙们带来极为光明的前景。

除此之外，大选侯腓特烈·威廉的历史，几乎是一部不断对内和对外争斗的历史，而且很奇怪地总是徒劳无功。那不禁让人联想起"西西弗斯"和"坦塔洛斯"所受的折磨——前者来来回回把沉重的石头推上山，又看着它滚下去；后者渴望已久而且几乎已经到口的饮水，总是在最后一刻被从嘴唇移开。以"前波美拉尼亚"为例（那是把勃兰登堡边区与"后波美拉尼亚—卡缅"地区连接起来时所迫切需要的环节），大选侯曾经两次加以征服，然后又必须两次把它拱手让人。争取其他领地的时候也出现过不少类似情况，结果到了1688年大选侯去世之际，他的疆域几乎还是跟四十年前一模一样——其间却不断出现战争、讨伐、打赢和打输的战役、勇敢的英雄行为与大胆的盟友更换，在在都让人看得头晕目眩。

后来大选侯透过安德瑞亚斯·施吕特尔制作的塑像，以经过神化的方式被呈现在世人面前。那尊骑马立像曾经在二百五十年的时间内，耸立于柏林市昔日的"长桥"之上，今日则被安置在"夏洛特堡宫"的正前方：大选侯以凯旋的古罗马皇帝之姿，傲然骑马从战败的敌人头上越过——他们受到束缚而只能无助地举头仰望，必须一直这样子成为纪念碑底座的装饰品。施吕特尔的雕像固然是伟大的艺术作品，其呈现历史的方式却错误得可笑。腓特烈·威廉在有生之年从来都不是胜利者，他自己反而始终是受束缚者，必须无助地举头仰望；但其伟大之处，也正在于他永不停歇地举头仰望。他的"敌人"或者"盟友"（前面已经提到过，他不断更换盟友的做法令人头晕目眩），始终是比较强大的一方：在西边有法国与荷兰，往往还加上了皇帝，在东边则是瑞典与波兰。他却加入他们的大戏跟着一起玩，不断地搅局，甚至反复不断地在力量足以把他压扁的强权之间换边站——这是相当令人吃惊并且有些了不起的事情，可是那么做的时候非但需要勇气，更需要极度厚脸皮的作风。但这种厚脸皮作风实乃国家利益至上原则所导致的结果——若有人愿意的话，亦可表示那是国家理念所规定出来的结果。然而这种国家理念来自一个事实上仍未真正存在的国家，并且一直要等到大选侯推动"冒牌货"一般的政策之后，那个国家才终于得以出现。

腓特烈·威廉是一个很有远见的人。他不仅在缺乏真正实力的时候推动了大国政策，甚至还建立起一支小型舰队，进而在非洲取得了殖民地。他即使在新崛起的各个海上强权面前也不甘雌伏。可是等到他那位比较务实的孙子（以及真正的普鲁士国家建构者）即位之后，又把那一切都销售出清了。腓特烈·威廉所推动的刀光剑影和胸怀大志（亦可贬称为"买空卖空"）的外交政策，几乎没有造成任何结果。但神奇的是——功绩卓著的是——也没有带来任何灾难。1675年，勃兰登堡在费尔贝林击败当时被誉为欧洲第一的瑞典军队之后，欧洲各国宫廷和舆论界纷纷将勃兰登堡的统治者称作"大选侯"。这个举动固然展现出敬意,却也蕴涵着一丝讽刺:一位选侯不可能大到哪里去,"大选侯"一词(Großer Kurfürst),听起来其实有一点像是"大侏儒"(großer Zwerg)。腓特烈·威廉终其一生都是这样。

类似外交方面的情况也出现在内政上。大选侯曾经做出巨大努力,试图将其辖下各个民情殊异的领地建设成一个国家,然而他在国家内部同样也只创造了一样东西:一支小型的常备陆军(起初是六千人,最后有两万八千人),以及为了支付军费而引进的征税权。可是,为此付出了多少代价啊!

勃兰登堡地方议会1653年通过的决议,使得容克贵族在自己的领地上形同小国王,拥有自己的司法权和警察权;其他地区的情况甚至还要来得更加糟糕。当我们在前面表示大选侯"受到束缚"的时候,所想到的是他的"各个等级"——特别是地方贵族们——到处给他设下的羁绊。而他一辈子就像是困处小人国之内的格列佛一般,徒劳无功地想把束缚扯掉。这种争斗从来都没有停止过。东普鲁士的贵族又最为桀骜不驯,而那些人自古以来就习惯于跟他们所羡慕的波兰贵族进行勾搭,连手对抗自己的领主。大选侯曾经在1679年,于其人生和统治期将尽之际,下令将图谋不轨者之一的冯·卡克斯坦上校从华沙绑架回普鲁士,然后在默美尔斩首示众——那固然是暴君般的动作,但所烘托出来的与其说是"暴君气焰",倒不如称之为"一个永远受挫折者的绝望情绪"。大选侯历代的继任者们也从未在王权与贵族之争中获胜。最后他们决定息事宁人，普鲁士因而继续是一个容克国家。我们还会在后面对此做出详细描述。除此之外，我们也会留待下一章再来叙述大选侯的移民政策，说明他如何建立了一个行之有年的普鲁士传统。

尽管他没有——还没有——成功建立起普鲁士（勃兰登堡—普鲁士）那个大国，但他毫无疑问首开风气之先，成为在眼前清楚勾勒出未来国家愿景的第一人。他是个宛如摩西一般的人物，虽然已经看见了应许之地，自己却无法进入。他曾进行艰苦的奋斗，打算从无能为力的处境之中创造出力量，到头来却依然徒劳无功。这就是他的悲剧。他的儿子和继任者将会另起炉灶。

这个儿子和继任者，腓特烈，普鲁士的第一位国王，受到了普鲁士—德意志历史学家们的冷遇——或许他被对待得太刻薄了一点。我们时而能够感觉到，他们会在谈论普鲁士王位缔造者和第一个加冕者之际显得尴尬，因为他们必须对这么一位缺乏英雄色彩的国王做出描述。他确实不具英雄色彩。可是他具有别种优良的统治者属性，而且那些属性在今天甚至比英雄本色更加受人重视。他是一个受过良好教育的人，其宫廷内更洋溢着文化气息，这是他辖下各个粗犷殖民地昔日难得一见的景象。其首都归功于他的缘故，才会被誉为"施普瑞河畔的雅典"（Spree-Athen），即便那个别名起先听起来或许有一点像是反讽。他以自己的第一批著名建筑物——王宫、军械库、夏洛特堡宫——来妆点柏林市容，他创立了艺术学院以及科学院（最初名叫"科学协会"），他对施吕特尔大力赞助，而他那位学养丰富的王后更是莱布尼茨的奖掖者。但腓特烈一世不免挥霍成性。他的儿子和继位者当上国王之后，一切做法都跟父亲完全背道而驰，并且将其父的宫廷派头称作"世上最疯狂的排场"。不过腓特烈一世的"疯狂排场"还是带来了若干正面结果。其挥霍的作风并非乏善可陈。

以上只是顺便说说而已，我们所探讨的对象到底不是霍恩佐伦家族的国王们，而是普鲁士这个国家。腓特烈一世对文化的慷慨解囊之所以会让我们感兴趣，是因为那种做法也建立起一个普鲁士的传统，而且是一个往往受到忽视的传统。腓特烈一世真正的壮举，当然还是争取到国王的头衔。此事纯粹以和平与非暴力的方式来完成，不曾出现过战时的赫赫军功，所凭借的只是许多年来小鼻子小眼睛耐心进行的外交谈判。或许正因为这层缘故，此事才会在普鲁士的历史传说当中扮演了如此不起眼——简直称得上是"丢人现眼"——的角色，毕竟那种历史传说总是必须"号角齐鸣"才会像个样子。尽管如此，获得国王头衔之举却是决定性的一步，走近了大选侯一辈子也无法藉由英雄气概来实现的目标：将一群中等和小型的诸侯国结合成为单一国家。

普鲁士王国得名的由来

对自己祖父绝无好评的腓特烈大帝曾经写道，其国王头衔只不过是虚荣心作祟的结果而已：虚荣心驱使他追求并获得了一个没有实质意义的荣衔，于是表面上的位高权重并不真正意谓权力的增加。但平心而论，那种判断未免流于肤浅。因为在政治的领域内，表象本身就是权力的一部分，更何况腓特烈大帝自己对此也十分明白，并且曾于其他场合公开做过类似的说明。"战无不胜"的光环，往往可以省却战争与战役之苦，而谁若有办法诉诸人群的幻想，统治他们的时候就可以比较不费力。反正在1700年前后，"国王"头衔是一个宛如魔咒的字眼（其情况正类似今日"民主"这个用语一般）。

腓特烈一世发挥直觉，做出了自己父亲办不到的事情。那是灵光乍现的结果，但必须先要出现过那种念头才行。

自从签订《西发利亚和约》以来，称王的趋势即已蠢蠢欲动。那个和约摧毁了皇权，让德意志各大诸侯从此都觉得自己是国王，并且巴不得如此称呼自己。但他们在另一方面仍然有所顾忌，不敢堂而皇之在帝国境内称王。"勃兰登堡国王"这种头衔听起来未免过于挑衅，毕竟皇帝与帝国都还存在。就连"巴伐利亚国王""萨克森国王"和"符腾堡国王"之类的头衔，在1700年也都还是无法想象的事情；而过了一个世纪，等到此类头衔于拿破仑时代纷纷出现之际，那就意味着神圣罗马帝国的末日。但尽管时机在1700年前后尚未成熟，一些大诸侯家族却已经找到了一条出路：他们设法在外国取得王位。萨克森的韦廷家族在1697年成为波兰国王，于是也不动声色地在萨克森当国王；汉诺威的韦尔夫家族在1715年成为英国国王，因而也在汉诺威当上了国王。

顺便说明一则历史轶闻：霍恩佐伦家族在半个世纪之前也曾经有过类似的机会。瑞典的古斯塔夫·阿道夫国王驾崩后出现了一个计划，打算让其王位继承人（后来的克莉斯汀娜女王）与勃兰登堡统治者的继承人（日后的大选侯）结为夫妇。假若此事成真的话，霍恩佐伦家族将不会成为普鲁士国王，而是担任瑞典国王——他们将统治一个结构扎实的瑞典—德意志—波罗的海王国——那么天晓得还会怎样继续发展下去。但此事没有了下文，主要是因为克莉斯汀娜顽固拒婚，而且众所周知的是，她一辈子都没有结过婚，后来改信天主教，自己本身就是一个怪胎型的人物。

如今到了腓特烈选侯的时代，固然已经不再有外国王冠等着让霍恩佐伦家族戴上，可是他们自己不就在异域拥有一大片土地吗？这突然派上了用场（只需要出现相关的念头即可），因为普鲁士（东普鲁士）很久很久以来，从

1466年开始，就不再属于帝国所有。它反而曾在两个世纪的时间内成为波兰属地，一直要等到大选侯在位期间才顺利摆脱波兰的宗主权——那是大选侯在外交上的唯一成就。腓特烈在普鲁士境内并不是帝国的诸侯，他在当地享有自主权。而且他在那里可以完完全全合法地成为国王，情况正如同萨克森的统治者在波兰，以及汉诺威的统治者在英国一般。然而一切都只能局限"在"普鲁士而已。主要是因为波兰对此十分坚持，毕竟另一块普鲁士——西普鲁士——仍然在其掌控下。波兰无论如何都必须阻止别人要求西普鲁士的所有权。

此前针对承认国王新头衔所进行的各项谈判既棘手又困难，在面对皇帝和波兰国王的时候尤其如此。然而最大的阻力——这是另一则历史轶闻——却来自条顿骑士团。毕竟条顿骑士团依旧存在！骑士团固然在1525年（大声抗议地）损失了普鲁士的土地，可是它在德国设置的教团组织，亦即骑士团国家的境外招募站，却不断延续了命脉，一直要等到1809年才被拿破仑解散。身为强硬派的天主教徒，条顿骑士团后来紧紧依附于哈布斯堡家族（《大团长与德意志团长进行曲》——"我们来自皇帝兼国王的步兵团"[15]——直到今

---

[15] "我们来自皇帝兼国王的步兵团"是那首进行曲演唱版的第一句歌词。"皇帝兼国王"即1866年之后的"奥地利皇帝兼匈牙利国王"（奥匈帝国皇帝）。1938年以前，奥地利有一个精锐单位就叫做"大团长与德意志团长第四步兵团"（Infanterie-Regiment Hoch—und Deutschmeister Nr. 4）。

天都还是奥地利陆军最著名的进行曲之一),并且在维也纳发挥一切影响力来进行阻挠,不让那个异端、不合法、遭到霍恩佐伦家族窃据的普鲁士公国,现在甚至以王国的地位得到承认。但如同我们所知道的,那只是白费苦心而已。1701年1月18日,勃兰登堡选侯腓特烈三世在柯尼斯堡给自己戴上了王冠,从此他摇身成为"在普鲁士的国王"腓特烈一世。

"在"这个字眼难免美中不足,不过它只对外有效——当初选侯的谈判代表们为了争取同意,才不得不出此下策。对内则无庸置疑,腓特烈自始就是第一位"普鲁士国王"——不复从前那般,在这里是边疆伯爵、在那里是公爵,而在其他的地方又分别是伯爵或侯爵,等等。他辖下所有的领地现在共同构成了"普鲁士"王国,即便勃兰登堡人、莱茵兰人和西发利亚人连做梦也从未想到,他们有朝一日将会突然开始使用这个遥远东方国度的名称。他们从此都变成了普鲁士的百姓,接受普鲁士国王的官员管理,由普鲁士国王的军队加以卫戍,并且——人性就是这样——很快就不再抱怨下去,反而以自己属于一个既强大又受人尊敬和畏惧的国家为傲。他们的地方分离主义已经遭到严重打击。腓特烈完成了一项重要的征服行动:身为普鲁士国王,他征服了其臣民的意识。这才促成他的儿子得以顺利完成他的父亲所失败的任务:将分散各处的领地凝聚成为一个既真实又能够运作的国家。但这项任务仍在未定之天。

第一章 漫长的成形过程

普鲁士还只不过是一个方案而已。但这个方案如今已被昭告天下,并且已经在国内广泛获得接受。普鲁士的漫长成形过程已经抵达目的地。其成形的历史已告结束,它自己的故事正式开始了。

第二章

粗线条理性国家

1701年成为王国之后,普鲁士仍旧是一个非自然形成、随机拼凑在一起的组合。国家命脉的延续有赖于进行土地调整与领土扩张。

腓特烈一世那位巴洛克国王的继任者——"士兵国王"腓特烈·威廉一世——整顿负债累累的国家、引进了高税率、微薄的官员俸禄、斯巴达式俭朴的宫廷作风……经过二十七年的励精图治,创造出对外扩张所需的国力。

腓特烈二世随即运用这个力量,并且将之消耗殆尽;但他吉星高照,结果在自己的大赛局中成为赢家。

前述"普鲁士方案"是一项攸关国家巩固和国家扩张的方案，它1701年被公开宣示之后，在十八世纪已经及时完全实现，令同时代的人们瞠目结舌不已。我们甚至可以宣称，主导此事的两位普鲁士国王"超额"完成了自己分内的工作：腓特烈·威廉一世，"我们在内政方面最伟大的国王"，不仅把他继承过来的大大小小领地建设成一个国家，更进而使之成为那个时代最严密、最先进和最有效率的军事国家；其子腓特烈则被时人尊称为"大王"（后人不应该一口否定这个头衔），而且他非但让这个国家终于有了迄今一直明显缺乏的连贯形状，并且马上使得它成为欧洲强权。

这两位普鲁士国王缔造的功业非同凡响，而且即使是现在进行历史回顾的时候，其成就仍然显得跟当初一样地不寻常。但我们不可因为这层缘故，便表示十八世纪的古典普鲁士完全归功于这两位国王的个人贡献，才会宛如突然诞生自虚无缥缈间之后，接着就仿佛油污似地在地图上蔓延开来。时代精神也在其中发挥了作用：当时盛行于全欧洲的国家理念——国家利益至上原则——有利于创造出一个像普鲁士那般人工化的理性国家，甚至还令人盼望能够出现这么一个模范国度。普鲁士在那个时代乘着强劲的顺风破浪前进。它不仅十分新颖,还非常现代化,我们简直可以表示:它很时髦。

但另外还有一个因素共同发挥效果,甚或可以说产生了决定性的意义:纯粹的"不得不尔"。这种必要性源自每个国家和每位个人天生的自保本能,而对于像普鲁士这样的国家来说,它即使在1701年被宣布成为王国之后,仍旧是一个非自然形成、随机拼凑在一起的组合。在此情况下,自保本能更是只会驱使它进行土地调整与领土扩张——也就是要进行征服;扩张和征服又逼迫它必须在最大范围内绷紧与集中内部的一切力量。

两位伟大的国王

"大选侯"当初试图双管齐下,结果以失败收场;他的孙子和曾孙却绩效斐然,因为他们分工完成了那两项任务,并且是以合乎理性——合乎国家理念——所要求的方式进行:领土的扩张需要国力来配合,但不管国家命脉的延续再怎么有赖于领土扩张,国力必须先被创造出来才行。"士兵国王"腓特烈·威廉一世创造了它。腓特烈大帝随即运用这个力量,并且将之消耗殆尽;但他吉星高照,结果在自己的大赛局中成为赢家。

父亲与儿子其实都不是出自内心的渴望才那么做,并非为了实现个人愿景而恣意施展天才的创造力。他们父子二人施政的时候,反而都在某种程度内担负着严酷的现实压力——其臣僚与许多子民想必对此也有所感受,否则国内的阻力恐怕还会来得更加强劲,所获得的成就则将大为失色。在普鲁士这个案例当中,我们特别应该设法避开诸如历史"法则性"和"命定性"之类的神秘学观点:那个国家从来没有任何东西是按照历史法则预先注定的,其各个组成部分纯粹是意外被拼凑到一起,该国绝非自然生长而成,它是人工化的产物。它需要人工维护，否则这个意外的产物就会再度分崩离析，同时它必须进行扩张才勉强得以继续存在下去。从国王到最普通的臣民都一清二楚，晓得除此之外别无他途可寻。就这一点而言，我们倒可以在不落入"国家神秘主义"的情况下表示："普鲁士理念"——亦即"普鲁士方案"——当时发挥了（或者它本身就是）一种难以捉摸、不具个人性质的力量，督促国王们和臣民们分别扛起自己的责任。

这两位伟大的普鲁士国王恰好是这方面的最佳例证。父子二人所事奉的对象，是那个需索无度的普鲁士国家理念，虽然其一切要求都合乎理性且势在必行，却让他们感觉"非己所愿""强行施加"甚至"不近人情"。当他们为此效劳的时候，自己的性格都遭到扭曲变形——有时是往坏的方向扭曲。例如腓特烈·威廉一世有个怪习惯，喜欢在谈论起普鲁士国王的时候使用第三人称："我希望担任普鲁士国王的大元帅和财政部长，这一定会让普鲁士国王称心如意。"他自己屈意奉承的那位"普鲁士暴君"，导致这个原本虔诚、单纯、喧闹，而且基本上心地善良的人自己也变成了暴君。于是这位"驱使者"兼"被驱策者"在生活方式与执政风格上，展现出永不满足、充满暴力、喜怒无常、粗野威胁、拳打脚踢、缺乏耐心等这类作风，以及他批示公文时总是喜欢写出的"赶快！尽速办理！"（Cito! Citissimo!）某次有几位

"战争与领地公署委员"[1]对一项诏令表示异议,结果这位普鲁士国王暴跳如雷地说道:"那些家伙打算逼我就范——但他们必须按照我的旨意来办事,否则我就会恶魔上身:我会跟沙皇一样,下令动用吊刑和炮烙,如同对付谋反者一般地折磨他们。"接着正常的腓特烈·威廉又蓦然重返:"上帝知道我很不喜欢这么做,而且我因为那批游手好闲家伙的缘故,有两个晚上没睡好觉。"他是一个秉性忠厚的人,却由于为国效劳而被改造得狂暴易怒。

那是腓特烈·威廉一世。腓特烈大帝则还要更胜一筹!其"国王是国家的第一公仆"这句名言,曾经在不同的上下文里面被反复使用,这是大家晓得的事情;但比较不为人知的是,其法文原始版本的关键词眼并非后来往往被使用的"serviteur"(仆人),实际上是"domestique"(家奴)——"国家的第一家奴"。[2]那听起来突然变得完全不同了,令人联想起腓特烈所讲过的另外一句话,而且他同样曾经多次把它用不同的方式加以复述:"盲目的偶然让我生而被诅咒必须从事的这门手艺,多么令我憎恶!"

腓特烈天生是一个文艺爱好者、一位"哲学家"(今天

---

[1] "战争与领地公署"(Kriegs-und Domanenkammer)为十八世纪普鲁士王国的省级行政机关(由之前分别负责征集"军赋"与"田赋"的两个单位合并而成),接受柏林中央政府的"总理事务府"(Generaldirektorium)管辖。
[2] 本书原文分别列出了"国家的第一公仆/家奴"在两种语言的讲法。德文:"der erste Diener des Staates",法文:"le premier domestique de l'Etat"。

我们会说：一名知识分子），以及人道主义者。他担任王储期间曾经与父亲有过可怕的冲突，但我们不必在这里将此事复述一百遍。军装虽然是他人生后期的唯一服饰，起初却被他很不屑地称作"寿衣"。其长笛演奏、对艺术的喜爱、洋溢着启蒙运动人道精神的《反马基雅维利》那部著作、与伏尔泰的热烈友谊、于即位之初急忙颁布的人道主义法令——废除刑讯（但有例外），"报纸不应该受到束缚"，"在我的国家，每个人都应该按照自己的信仰方式得到救赎"。那一切皆非假面具或故作姿态，而是真正的腓特烈以及他的本性。

腓特烈牺牲了它们，把它们牺牲给他觉得自己生而被诅咒以致必须从事的"令人憎恶的手艺"。更确切地说，它们被牺牲给普鲁士的国家利益至上原则，而那项原则要求他实施强权政治、发动战争、进行战役、掠夺土地、背弃同盟与撕毁条约、伪造钱币、从其臣民和士兵以及他自己身上压榨出最后一点东西来。简言之，就是要求他当普鲁士国王。腓特烈为此抑郁寡欢。他虽然没有像父亲那般变成了一个脾气暴躁的人，却成为一个冷冰冰的愤世嫉俗者，以及对身边人士尖酸刻薄的讨厌鬼。他不喜欢别人，也不被别人喜欢。他对自己完全漠不关心，不修边幅，很不清洁，总是穿着那一身破旧的军服。其间他始终富于机智，可是却充满了消极负面的想法，而且在内心深处很不快乐；同时他总是忙个不停，一直戮力从公，随时保持警戒，孜孜不倦地致力于那个令他憎恶的手艺。他直到咽下最后一口气为止，都是一位伟大的国王——有着一个破碎的心灵。

我们绝不可错过一段摘录自腓特烈著作全集的引言（那套文集总共二十五册，可惜今天几乎已完全不再有人阅读它们了），因为它似乎可以让我们从最内在的一面来窥探这位国王的性格。腓特烈大帝在一封私人信函当中写道："我之所以不使用'天意'一词，是因为在我看来，我的权利、我的纷争、我个人以及整个国家都太过于微不足道，无法让天意觉得重要；既无谓又幼稚的人类冲突，则不值得劳驾天意来操心。更何况我不相信天意会做出任何奇迹，以便让西里西亚继续留在普鲁士这边，而非落入奥地利、阿拉伯人或者萨尔马特人的手中。因此我不把一个如此神圣的名称，滥用在这么不神圣的东西上面。"那的的确确是他的想法，可是他却为了这么不神圣的东西牺牲了无数人的生命——而且就某种意义而言，也牺牲掉他自己的生命。

我们可以认为其作风是玩世不恭，要不然也可以觉得它引人入胜。毕竟腓特烈属于英国人所称"需要适应的口味"（acquired taste）那种类型：乍看之下令人厌恶，可是人们开始跟他打交道之后却会倾心于他，其间所产生的感觉固然称不上是爱意，但却有可能比爱意还要来得更加强烈。昔日流传甚广、充满爱国情操与虔敬之意的歌功颂德，使得"老弗里茨"[3]成为传闻轶事中普受欢迎的英雄人物,但如果我们更深入了解真正的腓特烈,那些吹捧只会显得荒诞可笑。但就连今日不时被涂鸦在腓特烈纪念像上面的污蔑字眼,也以一种奇特的方式与他擦身而过。他称得上是超脱于那些污名化做法之外,他自己早就预料到那一切,而且知道得更清楚;结果等到所有的坏话都说尽之后,他反而继续一如往昔那般引人入胜。

我们也可以用同样方式来看待他的国家——他和他父亲的国家。这两位国王——父亲与儿子——的某些特质,已深深融入那个国家。它是一个粗线条的理性国家,乃七拼八凑而成,缺少了奥地利的魅力、萨克森的优雅、巴伐利亚的古朴。我们可以表示,那是一个没有特色的国家;但若用普鲁士的行话来说,那却叫做"不无"特色。这个古典的普鲁士乍看之下并不令人兴味盎然,反而容易让人起反感,顶多也只不过是心生敬意罢了。但越是近距离观察它,它就变得越有趣。

历来关于这个国家的最贴切讲法,出现在一本可惜不怎么受到注意的书籍里面——西里西亚日耳曼学家兼斯拉夫学家阿诺·卢博斯所撰写的《德国人与斯拉夫人》(1974年出版)。下列的引文很长,但是值得一读,甚至再次细读;它

---

[3] 弗里茨(Fritz)是弗里德里希(Friedrich)的德语简称。"老弗里茨"(Der alte Fritz)则为普鲁士百姓对"弗里德里希大王"("腓特烈大帝")之昵称。

的每一个字句都切中要害。卢博斯是从十八世纪最后三十年内，非自愿成为普鲁士人的许多波兰人之角度，来观察普鲁士这个国家。他眼中所见的情况如下：

> 普鲁士当时呈现出来的，是一个极不寻常的国家——其纪律、服从、军事操练、正派的官员、忠诚的贵族、既廉洁又开明而且讲人道的司法审判体系、一视同仁的理性态度、完美的行政机构、要求克己自制并具有加尔文和新教徒色彩的清教主义，以及倾向于世界主义和宗教宽容的自由精神。那是一个伟大的理念综合体，被四位彼此极不相同的君主共同创造出来[4]，在"王权"与"领地"的概念之下融于一炉。普鲁士的独特之处为，它有别于那些跟种族绑在一起的国度，必须推出一些准则来建构与巩固国家，而且唯有透过这些准则才得以存续下去；此外它具备一种无可否认的多样分歧性，于是发展出一套特别激进的威权主义原则来抗衡。那里没有普鲁士民族，没有可做为样板的"国家核心地带"民族性，没有统一的方言，没有占主导优势的民情风俗。多样化的风貌简直可以被看成是其基本特

---

[4] 这四位君主分别为：腓特烈·威廉（"大选侯"）、腓特烈一世国王（王国的建立者）、腓特烈·威廉一世国王（"士兵国王"），以及腓特烈二世国王（"腓特烈大帝"）。

质,但这只会更加突显国王和官署之威权所产生的链接与调和功能。

威权本身却并非起源于历史惯例或王朝成规,反而是来自国家整体的运作能力——来自统治者家族、其辖下的不同机构,以及各个百姓阶层所做出的成就。国家定义自我的方式,就是向每一个人分派任务,要求他们在国家内部各就各位,并且为国效劳。国家则承诺以全国共同的成就欲望做为基础,在权力政治、经济事务、社会领域和文化发展等方面带来进步。凡是否定这种成就欲望的行为,将被视为威胁国家生存而遭到惩罚。国家要求完全的认同、绝对的服从与责任心。只要不逾越国家所规定的分际,它便容许自由的存在——例如在宗教信仰和民族身份上的多样性。特别是在斯拉夫少数民族那里,普鲁士给他们带来了一种全新的共同归属感。

我们无法对古典普鲁士的本质做出更精确的总结,而且上述引文其实已经道出了一切。不过我们还是想进行更仔细的观察,来看出那一切究竟应当如何解释,以及事情发展至此的经过。

一场军事革命

古典普鲁士在同时代和后世人们眼中最引人注目,但仅仅被卢博斯列为特色之一的事物,就是它著名的军国主义。普鲁士是一个军事化的国家,其程度远远超越别国。它必须这么做,如果它想把东一块西一块的国土连贯成一个整体的话——而且其所处的地理位置要求它必须那么想。

"其他的国家拥有一支军队,普鲁士却是一支军队拥有一个国家",米拉波伯爵曾于腓特烈大帝在位末期半嘲讽半惊骇地如此写道。那句话讲得很对,可是却又不对。普鲁士军队从未"拥有"普鲁士国家,而且根本从未做过任何尝试来统治国家,或者影响国家的决策——它是全世界纪律最严明的军队,军事政变在普鲁士始终是无法想象的事情。军队反而是国家最重要的工具、它的王牌和它的心肝宝贝;一切为军队而设,一切围绕着军队打转,一切与军队共存亡。这个国家并非被军队拥有,而是真正"着迷于"[5]对军队的照

---

5 原文在此一语双关。德文"拥有"(besitzen)一字的过去分词——"besessen"——同时意为"(被)拥有"和"着迷"(着了魔、狂热于、醉心于)。

顾。就连其——按照当时标准——既现代化又极为先进的财政、经济与人口政策,最终的目的也在于提高作战能力,而这意味着:为了它的军队。

其实普鲁士在那么做的时候,只不过是把当时欧洲普遍流行的实务发挥到了极致而已。普鲁士的军国主义并非一个孤立的现象;即便在这个方面,十八世纪的普鲁士也完全符合时代精神。它只不过是从《西发利亚和约》之后席卷欧洲各主要国家的军事革命当中,得出了最激进的结论。

简言之,那场革命意味着军队的国有化。此前的情况,在今天会让我们感觉非常陌生:欧洲各国都不拥有军队,充其量是禁卫军和民兵。军队属于私人的企业,每当国家必须打仗而需要一支军队的时候,就向私人承租——往往还支付不起那笔开销。十六和十七世纪的许许多多场战争(包括"三十年战争"在内)都是以此方式进行,但是长久下来以后,这种做法已经被证明行不通;在"三十年战争"时期,它更为受到战火波及的各个国家带来了灾难性的后果。其原因在于那些往往不固定支薪的雇佣兵部队军纪涣散,此外他们缺乏今日所称的"后勤补给",亦即有组织地持续供应他们所需的物品。(就这方面而言,华伦斯坦的军队——至少是在成立之初——构成了一个具有前瞻性的例外。)他们必须自力救济,从自己战斗、扎营,或者行军通过的处所就地取得给养,那些地点于是遭到他们"蹂躏"(这是该用语得名的由来[6]），而且他们曾经在"三十年战争"时期摧毁了整片整片的地区。

"三十年战争"过后，各地都抛弃了那种制度，甚至往往走入另外一个极端。凡是还像样的国家从此都一直自行养兵，军队于是拥有了同样遭到国有化的专用后勤补给系统，行军时不再就地取材，而是从兵站前往兵站（但这严重影响了十八世纪军队在作战时的机动性），同时他们更受制于前所未见最严酷野蛮的军纪规范。十八世纪军队的"笞刑"与"夹道鞭打"等体罚方式（不局限于普鲁士），直到今天都还让我们读得毛骨悚然。不过我们也必须正视事情的另外一面：士兵们吃尽更多苦头的同时，平民百姓的苦难就减少了许多。在纪律荡然、缺乏补给的雇佣兵时代，作战总是意味着烧杀奸淫掳掠。如今这已成过去。腓特烈大帝因而可用不偏离事实太远的方式来强调："和平的公民应该完全感觉不到国家在打仗。"那是"三十年战争"结束后还不到一百年的事情。

普鲁士参与了这场全欧洲的军事革命，亦即如同瑞典、法国、西班牙、奥地利、俄国那般成为一个军事化的国家，这件事情本身并无特殊之处。真正特别的地方在于三个方面：首先是普鲁士军队的人数，其次是它的素质，第三则为

---

6 德文"蹂躏"（verheeren）这个动词可直译为"遭到军队化"（大军过境）——其字根是"Heer"（军队、陆军）。

其社会成分。

腓特烈·威廉一世——"士兵国王"——在位期间，普鲁士军队的常备兵力为八万三千人，他的儿子甫一登基就立刻增加到十万人，后来在战争时期甚至还把人数加倍。对一个小国家来说，这实在多得不成比例，多得令人难以置信；诸如法国、奥地利和俄国之类的大国，其军队规模也只不过稍微大一些而已。在其他所有的政府开支项目方面，于是都需要斯巴达式的节俭作风（"普鲁士式的节俭"），因为五分之四的政府岁入已经花在军队上面了。"士兵国王"的普鲁士刻意为了国力而牺牲璀璨——按照国王自己的用语，那是"务实"的做法。其宫廷派头在各国王室极尽奢华之能事的那个年代，比较起来未免显得寒酸；而在他的统治下，就连艺术与文化的发展也少得令人失望。普鲁士的贫穷困顿与普鲁士军国主义之间出现的反差，纵使在他生前，也已是在欧洲普遍受到嘲笑和令人摇头的对象。

不过那只是最起码的部分而已。光靠节俭仍不足以筹集这个贫穷国家所需要的超级军费开销。无怪乎腓特烈·威廉自称为普鲁士国王的"大元帅和财政部长"了。普鲁士在他执政期间是欧洲税赋最重的国家；后来腓特烈大帝还把税率调得更高，尽管其臣民对他的声誉并非没有感觉，可是长久下来以后，那种做法还是让他变得不受欢迎。大量的税赋（在城市里面是消费税或"国内货物税"，在乡间地区则为土地税或"田赋"），必须加以征收和催缴。为此就需要一个高效率的财政主管机构，而这意味着大量的公务人员——虽然唯有透过普鲁士式的节俭作风才得以支付其薪水，可是他们每一个人都必须绝对可靠，结果又不得不强迫他们遵守军队般的纪律，以及准军事化的荣誉守则。普鲁士的"军事国家"与"公务国家"因而环环相扣，互为表里。

此外还需要加上普鲁士的"经济国家"。如果想要支付昂贵的军费，同时积聚战备物资的话，那么就得拼命向百姓征税；可是在收到税以前必须先要有东西可以让人抽税，毕竟一头饿牛产不了多少奶。普鲁士国家因而也推动经济政策，以当时颇不寻常的方式来资助和补贴制造业——比方说在乡间地区是亚麻与羊毛纺织业（那同时亦为制作军队制服所必需的材料），在城市里面则是诸如著名的"柏林王室瓷器工坊"之类的业者；此外还成立一所国家银行，以及致力于土地改良和土地开发（例如奥德河河口湾的排水工程）。对那个时代而言，这一切都意味着高度现代化、十分进步的政策，而且"顺便"也是一种人道主义的政策。毕竟那些措施都带来了工作与面包——但只是顺便而已。

这种冷冰冰的"顺便"人道主义，进而主导了普鲁士的移民政策与人口政策。现在必须对此做出较详细的说明，因为我们已随之来到古典普鲁士的基本特征之一，而且它跟普鲁士的军国主义同样特性十足和引人注目——那项特征就是几乎无限度地对外地人友好的态度，并且乐意接受移入者与难民。许多厌恶普鲁士军国主义的人们，在这里找到了可以接受的一面。然而那两项特征其实互有关连。

普鲁士乃十八世纪全欧洲受迫害者、被羞辱者、遭歧视者的庇护所和避风港,其情况几乎类似十九世纪的美国。实际上那早在大选侯的统治时期就已经开始。1685年的时候,法国废除一个世纪以来畀予法兰西新教徒信仰自由的《南特诏书》,大选侯立即颁布《波茨坦诏书》,邀请受迫害者前往普鲁士。结果他们成千上万地接受了邀请,并且对此心怀感激。到了1700年前后,柏林市三分之一的居民是法国人。那些难民都受到良好的照顾,获得住宅和贷款,完全不必否认本身的民族属性,而且他们还获得自己的法国教堂与法国学校。那一切堪为典范,而且非常有益。众所周知的是,普鲁士的"法国殖民地"一直维持到二十世纪,并带来了许多精致的工艺技巧和生活习惯,而且在许多个世代的时间内为国家提供了优秀的官员与文学家。

法国人并非特例。1732年,在腓特烈·威廉一世国王任内,出现了另外一个大规模移民潮:两万名萨尔茨堡新教徒为了躲避"反宗教改革运动"而逃难到普鲁士,在之前由于黑死病肆虐而人口锐减的东普鲁士安家落户。除了这些引人注目的大规模移民行动之外,整个十八世纪——而且从大选侯的时代即已开始——都看得见新移民和宗教受迫害者源源不断地涌入普鲁士,其中包括华尔多教派、门诺教派、苏格兰长老教派的信徒,此外也包括犹太人,甚至时而还有不喜欢其他较严厉新教国家的天主教徒。他们全部都受到了欢迎，而且他们全部都获准继续使用自己的语言，继续维护自己的风俗习惯，以及"按照自己的信仰方式得到救赎"。对普鲁士国家而言，每一个新的子民都不成问题。每当杰出外籍人士有意直接出任高级公职的时候，它也不会表现出小家子气。我们将在后面读到，普鲁士"改革时期"的灵魂人物——斯坦因、哈登贝格、沙恩霍斯特、格奈森瑙，等等——几乎本来都不是普鲁士人。此外我们也想在这里提前说明一下：普鲁士在十八世纪末期进行征服以后，新获得了数百万波兰臣民，而那些人的民族特性与宗教信仰全未受到干扰和破坏。老普鲁士没有"日耳曼化"的问题，这是与日后的德意志帝国不同之处。普鲁士并非一个民族国家，而且也不打算成为一个民族国家，它仅仅是一个国家，就此而已。它是一个理性的国度，向所有的人开放。每个人都享有同等的权利，但也必须承担同等的义务——在这方面也不打折扣。

一切看起来都相当美好，非常人道。实情确也如此。然而普鲁士这种高度自由化移民政策与人口政策的动机，并非人道主义。那只不过是顺便对人友善罢了。其动机来自于"国家利益至上原则"；而如果我们更仔细观察，在这里也会与"军国主义"重逢，亦即那个把其他一切事物都牵扯进来的超大型普鲁士军队。

军队所费不赀，吃掉了国家的预算，于是需要增加税收。可是若想增加税收的话，就应该提高纳税力和经济力，于是必须推动经济政策，以及促进经济成长。经济的成长有赖于人口增加（当时尚未进步到能够用机器来取代人力的地步），因而也需要推行移民政策，如果这么做的时候还能够顺便对人友善的话，那就再好也不过了。"在我看来，人们是最大的财富"，腓特烈·威廉一世曾经这么表示，而腓特烈大帝表达得更加清楚："最重要、最通用和最真实的原则为，一国真正的实力在于其庞大的人口数量。"他在1752年的政治遗嘱中（后来俾斯麦认为该文件应该永远不解密），更说出了自己内心的想法："朕希望我国拥有足够省份来维持一支十八万人的军队，亦即比目前多出四万四千人。朕希望，扣除所有支出项目之后能够每年有五百万银元的结余……这五百万大致相当于一次战役的开销。有了那笔金额之后，我们即可自费进行战争，而不至于陷入财政窘境或者成为任何人的负担。在和平时期，这笔进账可使用于各种对国家有益的经费。"

因此普鲁士的一切都会在某种程度内回归到军队，而我们现在也必须重返军队那方面。

若从人口总数和国家财政实力来衡量，普鲁士的军队无疑巨大得不成比例，可是其兵员数量依然少于法国、奥地利和俄国等真正大国的军队。后来普鲁士军力足以和这些较大型的军队分庭抗礼——在"西里西亚战争"是对抗其中之一，于"七年战争"时期甚至同时对抗三者——证明自己在质量上享有优势。这种质量优势的谜底从未完全被揭晓，当时没有，今天也没有。固然普鲁士将领极度乐于接受当代进步幅度仍相当有限的军事科技新知，但这仅仅是一部分的解释理由。固然普鲁士军队率先推出了"齐步走"的行进方式，并以铁制装弹通条来取代木制通条，而且就连远近驰名的"波茨坦巨人卫队"亦可从此角度来看：较长的手臂当然可以在刺刀战中享有优势，于是那位"士兵国王"痴迷于搜集"长人"的作风或许不只是一种怪癖而已。[7] 可是这些事情无法说明一切。

普鲁士陆军的战术和操练跟其他各国的军队并无二致，普鲁士的军纪固然十分严厉，但也不至于比别人来得更加刻薄。"普鲁士人开枪也没那么快"这句俗语所着眼的对象，并非普鲁士军队作战时的射击速度——即便他们使用铁制装弹通条，使得开枪的速度变得特别快。[8] 其实这句俗语所强调的是：普鲁士不急着枪毙逃兵，不至于例如类似法国人所做的那般，捕获自己的逃兵之后就毫不留情地把他们拖到行刑

---

[7] 波茨坦巨人卫队（Potsdamer Riesengarde）就是腓特烈·威廉一世国王的巨人掷弹兵团（第六步兵团），其成员则被称作"长人"（lange Kerls）。它宛如今日的篮球队，士兵最低身高标准为188公分（最巨大者高达217公分）——国王自己的身高则在160公分上下。

[8] "普鲁士人开枪也没那么快"这句德文俗语，今日被使用于取笑急性子或沉不住气的人。普军士兵以装弹快速闻名。在前膛枪时代，普鲁士军人的射击速度是敌方的两倍。十九世纪四十年代末期普军率先换装后膛枪（撞针步枪）之后，于普奥战争时的射击速度甚至为奥军（仍使用前膛枪）的五倍以上！

队前面——《在斯特拉斯堡的堑壕上》。[9] 在普鲁士,那些倒霉鬼固然会被打得半死,但接着又被调养得健健康康,以便有办法继续服役。他们实在太宝贵了,不可以被枪毙;普鲁士式的节俭作风在这方面也不例外。

---

9 《在斯特拉斯堡的堑壕上》(*Zu Strasburg auf der Schanz*)是一首十八世纪末的德国民谣,讲述一名在法军当兵的瑞士人乡愁发作,打算深夜泅水到河对岸逃跑回家,结果遭到拦截,早上十点钟就被三人行刑队当众枪决。

君主政体与容克贵族制度

腓特烈大帝的军队享有质量优势之真正原因,说不定在于别的方面:我们必须从其人员结构的成分来看出端倪。十八世纪二十年代开始出现改变之前,普鲁士军队补充兵员的方式与其他国家相同,完全是透过招募来进行,结果士兵都是雇佣兵,往往是外国人,往往是在社会上混不下去的人。因此逃兵事件层出不穷,于是出现了极不人道的军纪。这种现象在十八世纪始终没有完全停止过。腓特烈·威廉一世执政时期的后半段虽仍继续采用募兵制(更佳的说法或许是:拉壮丁),然而招募的工作需要花费许多金钱,而且会在外国惹出不少麻烦,于是开始借由征兵加以补充,然后逐渐遭到取代。

在刚开始的时候,此事完全让人感觉不出来。起先只不过是把特定的地方行政区——"募兵区"(Kanton)——分配给个别的团级单位,供其在国内进行招募工作,借以避免各单位之间相互干扰。接着每个"募兵区"都被摊派了一定的新兵员额,而其结果为:早在腓特烈·威廉一世执政期间就已经形成了一个类似"选择性兵役"的体系。

那是一种选择性的,仍非普遍性的征兵制。城市居民完全不被征召入伍,而且在乡间地区也出现了许多例外:工商业者、文教业人士、拥有土地的农民、新移民、作坊的工人等都永远免服兵役。他们必须在其他方面为国效劳,亦即应该赚取金钱和照章纳税。但大量出现的例外,使得没有被纳入例外、原先只是"招募"对象的人们很难逃避,于是国内的募兵制渐渐演变成征兵制,而普鲁士军队逐步成为一支由本国百姓组成的军队。这自然而然会给士气带来不一样的影响。

但除此之外,那也以特色十足的方式改变了普鲁士乡间的社会结构(在此的情况亦为二者环环相扣)。随之演变出来的发展是,未继承农舍的农家子弟顺理成章地成为士兵,未继承庄园的容克子弟则成为军官。这自然而然强化了容克贵族的势力:容克贵族如今除了是农民的领主之外,还进而担任他们在军中的长官。那同时也化解了国王权力与容克势力之间的矛盾:容克贵族担任军官之后就变成公仆——并且开始喜欢上那个调调。就另一方面而言,国家则乐于让容克贵族成为可靠的军官储备所。

当初腓特烈·威廉一世国王仍旧按照传统的模式,与他的"各个等级"持续处于冲突状态("各个等级"在普鲁士指的主要就是"容克")。他针对东普鲁士税务纠纷所发表的议论一直流传至今:"我摧毁容克的权威;我达到自己的目的,并且把王权巩固成为一道铜墙铁壁。"腓特烈大帝的做法却截然不同，他最后甚至让容克贵族完全免税："由于他们的子弟必须捍卫国家，那些家族有资格以各种方式受到鼓励和获得保障。"普鲁士贵族军官团于是成为沟通王权与容克的桥梁：二者如今都在同一个军事国家担任公职。

国王与"各个等级"之间缔结的这个和约颇不寻常。普鲁士随之在十八世纪成为一个特例，不像其他各国那般，内部的争端愈演愈烈。可是和平免不了有其代价。曾经有人对古典普鲁士做出正确的描述，表示那个国家站在两条不一样长的腿上：在城市里面，国家的权力可一直向下延伸至每一个公民；在乡间地区却只有办法及于县长——县长固然是国家的公务人员，却仍然出身自地方上的贵族，可算是国家权力与容克权力之间的关节。到了县长的层级以下，国王在乡间地区已难有着力点。容克贵族就像小国王一般地在自己的庄园进行统治。

此外并有人指出，普鲁士国王与容克贵族之间的和约，是在农民背脊上签订的。但若仔细观之，便可发现农民与容克贵族之间的关系并未因此出现改变。农家子弟如今和容克子弟一样，都有服兵役的义务。那对双方而言都是一种新的负担，可是日久天长之后，它也为双方带来了新的价值观与荣誉感。更何况一切仍旧维持原状。容克贵族与农民之间的关系，自从东向殖民时期以来便无不同。二者当初往往就是以骑士与扈从的身份一起过来，借由占领或分配而获得土地——骑士得到了骑士庄园，扈从则得到了农舍。农民家庭诚然必须加倍工作：他们不但在自己的农舍独立耕作，还必须去容克庄园服劳役。但情况从一开始即已如此，而且一直维持到十九世纪。农民的生活非常艰苦，在普鲁士和其他各地都一样。但值得注意的事情是，十六世纪的大规模"德国农民战争"不曾蔓延到昔日的殖民地区。此外纵使在十七和十八世纪，勃兰登堡与普鲁士的乡间地区仍不曾出现过明显的阶级斗争、大规模人口迁徙，以及农村人力外流。那一切都要等到斯坦因的"农民解放"失败之后才开始爆发——因为必须服劳役但拥有土地的农民，往往已经变成了自由而无恒产的农业工人。

普鲁士的贵族有别于法兰西、奥地利、波兰等国的贵族，并非城市贵族或者宫廷贵族，而是自己也跟着一起工作的乡间贵族，因此经常被他们在帝国内部的贵族同僚讥笑为"草根容克"和"高级富农"。普鲁士没有土财主。容克贵族与"他们的"农民之间具有非常密切的共生关系，容克对农民而言并非来自远方的不知名剥削者，而是与之彼此相识的业务负责人；他们不但多半因而受到尊敬，有时甚至还深受爱戴。他们当中固然也有"敲骨吸髓者"，然而这种骂人的字眼偏偏来自容克贵族那边，于是它证明了两件事情：那种人实际上属于例外，而且其同侪对他们大不以为然。

整体来说，我们不至于产生一种印象，于是认为十八世纪普鲁士乡间的各种社会体制令农民难以忍受——其实它们运作得相当顺畅。它们在那个世纪被移植到军队里面以后，很快就获得的辉煌战果似乎进而提高了军中农民士兵的自尊心。至少可以确定的是，普鲁士掷弹兵曾在行军走向"洛伊腾战役"的时候高声合唱（军队的歌声永远都是个好兆头），而且他们所唱出来的是下列这一段圣歌赞美诗：

> 请让我勤奋做出自己分内工作，
> 依据我在您旨意下所处的位置。
> 请让我在必须工作时立刻去做，
> 当我做好后请让结果顺利圆满。

那简直非常适合拿来用作普鲁士的国歌。十八世纪的普鲁士国家不要求百姓表现得欢欣鼓舞，不诉诸爱国主义和民族情感，甚至也不诉诸传统（反正它没有传统），而完全只是唤醒人们的责任心。普鲁士最高等的勋章叫做"黑鹰勋章"，由腓特烈一世国王创设于其自行加冕的前一天，而它上面写出的拉丁语铭文是"Suum cuique"——"各得其所"。这个讲法非常适合用作国家格言。但如果以德文把它翻译成"各尽其责"（Jedem seine Pflicht），或许还会更加恰当。从国王直到最卑微的臣民，每一个国民都被国家分派了必须确实贯彻的任务，同时每一个"等级"又分别承担起不同的责任。有些人必须以金钱为国家效劳，有些人则以鲜血，某些人甚至以"脑筋"，但大家都必须勤奋不懈。那个国家逼迫人人尽一己义务的时候，完全不留情面。可是在其他任何方面,它又比同时代其他任何国家来得更加自由,呈现出一种冷冰冰、主要是建立在"无所谓"态度之上的自由主义——这种做法却同样可以让国民感觉称心如意。我们已经在观察普鲁士移民政策和难民政策的时候,看见过这种现象。而德文的"各得其所"(Jedem das Seine)——在法文亦可称作"各取所好"(Chacun à son goût);凡是不会对国家造成伤害的事情,国家就不插手干预。这方面最极端的例子,是一个有关一名骑兵跟他的马儿搞兽奸的真实故事。在十八世纪的欧洲,兽奸几乎被视为最骇人听闻的罪行,各地都会将犯案者酷刑处死以昭炯戒。腓特烈大帝却下令:"把那头猪猡调到步兵去。"

普鲁士的三个无所谓

我们可以表示，普鲁士具有三大"无所谓"的态度：其中第一个会被今日的自由主义者视为典范，第二个不无可议之处，第三个则容易让人起反感。十八世纪的普鲁士国家对宗教无所谓，对族群无所谓，而且对社会无所谓。其臣民可以信仰天主教或新教，可以皈依路德教派或者加尔文教派，可以是摩西的信徒，甚至——如果他们愿意的话——更可以是伊斯兰教徒，普鲁士对此都完全无所谓，那些人只需要彻底尽好自己对国家的责任即可。普鲁士对族群也同样无所谓：百姓不必是德国人；来自法国、波兰、荷兰、苏格兰、奥地利等地的移民都一视同仁地受到欢迎，而等到普鲁士开始兼并奥地利和波兰的土地之后，其奥地利臣民与波兰臣民所受的待遇，与土生土长的普鲁士人完全相同。普鲁士在社会方面也抱持无所谓的态度：每一个国民都是自己命运的塑造者。他打算如何度日过活，那是他自己的事情。顶多只有战争伤残者和军人遗孤才会受到国家照顾，但也未必一直如此。腓特烈大帝明确要求人人享有同等的权利，就连最卑微的乞丐也不例外——但那只意味着权利平等，并不表示社会救济。假如乞丐变成了强盗,那么一视同仁的权利就变成了一视同仁的刑事法。平民生活过不下去的人,还能够去军队里面谋生路。但如果他连当兵都当不好的话,那就只能算他自己倒霉了。

但说来奇怪的是,这"三个无所谓"在时人眼中的评价顺序刚好跟现在完全颠倒。普鲁士并非我们今日所称的"社会福利国家"一事,那个时候非但不会受到任何人怪罪,反而被视为理所当然。在十八世纪的欧洲,社会福利国家的构想根本尚未出现。它要等到十九世纪末叶才被发明出来,而且其发明者是普鲁士晚期的一位政治人物:冯·俾斯麦。民族国家也尚未在任何地点被宣布成立,即便它已经在法国、英国、西班牙、荷兰与瑞典隐约成形。普鲁士的移民政策与民族政策固然极为大方,但也不至于完全脱离欧洲的框架,而且顶多只能算是过度夸张地进行一种在别国也不完全陌生的做法罢了。然而普鲁士所盛行的宗教宽容,在十八世纪却是不成体统,而且几乎变成了丑闻。宗教宽容的实务使得普鲁士遥遥领先了它自己的时代——今天人们多半会表示,那是在好的方面遥遥领先;当时普遍的看法却认为,那是在坏的方面遥遥领先。

当时的那种意见其实并非毫无道理可言,毕竟它正确地感觉出来,一则最晚从腓特烈大帝统治时期开始,普鲁士的宗教宽容基本上便来自对宗教的无所谓(我们几乎可以表示:源于对宗教的蔑视);再则——重新套用阿诺·卢博斯对普鲁士的总结说明——起初"具有新教徒色彩的清教主义"已经转化成一种"自由精神的倾向",以致认为上帝已死,于是由国家不声不响地取而代之。但无论那到底是"宗教宽容"还是"视宗教如无物",对同时代的人们来说,普鲁士看待宗教的态度,至少跟普鲁士的军国主义同样异乎寻常和令人侧目。因此现在我们有必要更仔细地回顾一下古典普鲁士的这项重要特征。

宗教宽容之由来正如同普鲁士形成过程当中的许许多多事物一般,带有偶然巧合的性质。大家可还记得那位暴饮暴食的古老选侯,1608 年至 1619 年在位的约翰·西吉斯蒙德(腓特烈大帝曾经表示,自从有了他以后,其家族的历史才开始变得有趣起来,因为他在东方和西方都继承了广大的土地)?那一切都起源于他,而且与他在西边继承过来的领地有所关联。约翰·西吉斯蒙德继承莱茵河下游的"于利希—克雷弗"地区之后,马上就惹出许多纷争(因为另外还有一些竞争者也提出了继承要求)。当地居民主要信仰加尔文教义,而约翰·西吉斯蒙德既然自己的继承权受到挑战,于是极力设法争取当地加尔文信徒的支持。结果他个人从路德教派转而信奉加尔文教派。纵使宗教上的动机或许在此发挥了若干作用,然而最主要的动机无疑来自政治方面的因素——我们可别忘了,宗教与政治在十七世纪的时候彼此纠缠不清。约翰·西吉斯蒙德却不敢强迫他在勃兰登堡和东普鲁士的子民们也跟着成为加尔文教徒。万一这么做的话,势必将造成难以逆料的不利后果。然而他是一位便宜行事的统治者，结果在德意志诸侯当中，约翰·西吉斯蒙德率先放弃了基于"地区决定信仰"原则的宗教主导权。[10] 勃兰登堡—普鲁士这个国家则率先促成不同的宗教信仰可以并行不悖，而且必须如此。

但这也带来了一些麻烦：在十七世纪人们眼中，对宗教信仰的宽容并非理所当然之事，因而必须由当局者强迫百姓那么做。国家硬性规定百姓信仰某种宗教，那是人们习以为常的惯例；如今国家却不此之图，反而要求国民宽大为怀，必须容忍其邻居当中信仰不同宗教的人——亦即他们认为不信神的人——这让百姓最高和最神圣的情感受到了伤害。在约翰·西吉斯蒙德时代的柏林市，加尔文教派宣教士的玻璃窗会被人砸碎。历代勃兰登堡选侯和普鲁士国王必须一再透过严刑峻法，禁止一切教派的神职人员在祭坛上进行谩骂与煽动，不准他们把不同信仰者说成是魔鬼的奴仆。结果著名的柏林市牧师及圣歌作词者保罗·格哈特宁可移民出去，也不愿意在良心上受到这种折磨：他是一名宗教宽容之下的殉道者。这种宗教宽容措施，在今日看来是普鲁士光彩的一面，可是对其十七世纪的臣民而言，那在很长的时间内（甚

---

10 1555年的时候，神圣罗马帝国皇帝与信奉新教的诸侯签订《奥古斯堡和约》，藉以结束宗教战争。该和约以拉丁文确立了"地区决定信仰"（cuius regio, eius religio）的原则，即各地区的宗教信仰由当地统治诸侯来决定。

至直到十八世纪为止）却是强人所难，比起它的军国主义、税收压力与容克贵族统治来得更加强硬，更加令人难以理解。

一直要进入十八世纪下半叶，等到基督教会开始失去影响力，以及启蒙运动由上而下渗漏至民间之后，整体情况才终于有所改变。但普鲁士早已借由本身的宗教宽容，针对这种时代精神的风向改变做出最好准备。它成为启蒙运动时代的典范国度，而且没有任何人能够像腓特烈大帝那般，以如此令人信服的方式体现出这种新时代精神。他本身就是一个自由思想者，而且他对传统宗教及其各种仪式的嘲讽，有时已经到了近乎低级趣味的地步（虔信宗教的齐腾将军有一次延误了抵达宫廷的时间，于是很抱歉地表示那是因为他必须领圣餐的缘故。腓特烈却问道："齐腾，那么您把您救世主的身体好好消化了吗？"）如今在普鲁士广大的圈子内，宗教宽容终于从很不情愿被强迫接受的做法，变成了受到欢迎、令人感激的事情。但同时也不可忽视的是，这种宗教宽容即便称不上具有反宗教的色彩，至少已转而成为对宗教的冷漠感，连带使得对国家的责任心强过了对上帝的责任心。

我们在这里遇见了难以具体拿捏的事物——心路的历程和意向的改变多半只能臆测而无法加以证明。在普鲁士乡间地区当然仍旧普遍存在着信仰虔诚的民众（后来到了十九世纪的时候，甚至还出现过一种宗教复兴运动），可是那种虔诚的信仰还能够被称之为基督教义吗？我们可别忘记，基督教义很晚——非常晚——才传播到普鲁士各地，而且往往是在十分恶劣的伴随条件下进行。普鲁士人皈依天主教还没有多久，就变成了新教徒；他们改信新教还没有多久，却被迫必须宽容其他宗教，这又让基督新教信仰变得不那么重要。难道我们还会觉得纳闷，为何当宗教在比较资深的民族那边已经根深柢固之际，在普鲁士这边却形成了某种真空，以致有一种我们可称之为"责任宗教"（Pflichtreligion）或"国家道德"（Staatsethik）的事物乘虚而入？普鲁士掷弹兵在行军前往参加洛伊腾战役的途中，曾经高唱圣歌赞美诗；而发人深省的是，其唯一的内容就是祈求上主赐予力量让他们尽好自己的尽任——而他们应尽的责任就是要赢得战斗。"尽责任"遂成为普鲁士第一个和最高的戒律，同时也构成了整个"因信称义的教义"（Rechtfertigungslehre）：尽好了自己责任的人就不会犯下过错，可以随心所欲做他想做的事情。第二个戒律为，最好不要自怨自艾。第三个，而且比较柔性的戒律是，在自己周遭人们的面前未必要表现得"很好"（那只会是夸大其词），但一定要做出得体的表现。对国家应尽的责任则凌驾于一切之上。这个替代性的宗教可以让人过活，甚至能够把日子过得既正派又规矩——如果他们所效劳的国家始终既正派又规矩的话。一直要等到希特勒上台之后，普鲁士"责任宗教"的局限性与危险性才显露无遗。

为求完整起见，现在其实还应该谈一谈普鲁士的国民教育和司法行政——二者与今日的情况相形之下固然显得原始，在当时却相当先进。[11] 但是我们并不苛求完整。关于十八世纪普鲁士那个粗线条的理性国家，我们已经说明了最重要的部分，而现在还剩下来的工作，就是要整理出我们的印象。

这个国家会让我们产生何种观感呢？首先当然是：陌生。它与我们今日在自由、民主、民族、社会、文化等方面的国家观念没有多少共通之处，难免时而会令人大惑不解地问道：我们在此所谈论的果真只不过是两百年多前的事情吗？但我们可别忘记了，十八世纪其他所有欧洲国家的情况也同样陌生（欧洲以外的国家当然更加如此）。凡是以今日尺度来衡量过去的人，只能表示他自己缺乏历史感。反正本来就已经很不公平，而且当然无法改变的事实是，只有现代人能够撰写过去的历史，而古代人绝不可能撰写现代的历史。把十八世纪的普鲁士拿来跟二十世纪的德国历史做一对比之后，有许多地方会让人摇头——有些事情则令人震惊。

观察普鲁士这个理性国家之后所出现的第二种感觉，无疑便是对其成就所产生的敬意，甚至会觉得它体现出来的精密机制让人看得赏心悦目。它的一切是那么地本末有序、环环相扣、合为一体，以及替同一目标服务，而且这架粗线条组装起来的国家机器运转得十分干净利落，在某种程度内甚

---

11 普鲁士在 1717 年开始全国普设小学并推动国民义务教育，在 1763 年更是成为全世界第一个正式实施国民义务教育的国家。

至是自动操作——这些都归功于其设计时的深思熟虑,而它在运作的时候既不会受到蛮横干预,也不至于做出多余的粗暴行为,其副产品则往往是冷静的人道主义。它观赏起来十分奇妙,在美学上所产生的舒服感觉,就如同一首完美谱出的赋格曲,或者一阕不断展开的奏鸣曲,甚或早期工业化时代的一架灵巧器械。在这个粗线条的国家里面暗藏着许多巧思,不无可能会令人为之振奋。

可是此刻却有某样东西蓦然浮现,让兴奋之情顿时消散于无形。与其将那"某样东西"称作"异议",倒不如说它是一个"疑问",而问题就是:这一切到底是为了什么?普鲁士不断督促自己的臣民完成应尽的责任,可是国家本身究竟又该尽好哪些责任?人人都必须为"普鲁士理念"效劳,可是普鲁士又为什么理念效劳呢?我们找不到任何理念,没有宗教上的理念,没有民族上的理念,更没有任何类似今日所谓"意识形态"的理念。这个国家只为自身效劳,致力于维护国家的存续,而不幸的事情是,地理上的因素使得它同时无可避免地必须致力于向外扩张。普鲁士本身即为目的;而对其邻国来说,普鲁士打从一开始就是一种危险和威胁。它本来并不存在,而且无足为奇的是,许多人希望它根本不复存在。在腓特烈·威廉一世的年代早就如此,因为普鲁士的武力已经强大得骇人听闻。时至腓特烈大帝的年代更是如此,因为他使用了那个强大的武力——而且是使用于掠夺,这是我们不得不客观指出的事实。在腓特烈大帝的历次战争当中，他的敌人几乎总是有理的一方。然而那几场战争的英雄却都是腓特烈，他的无理行为因为他的英雄表现而相形见绌。有时候历史就是这么不公平。

普鲁士不见得非要存在不可。这个世界可以没有普鲁士。它却想存在下去。没有人邀请这个蕞尔小国参加欧洲列强的小圈子。它偏偏硬挤了过去，并且排闼而入。至于它如何花费半个世纪的功夫，透过机智、权谋、放肆、狡诈和英雄作风来完成此事，那是一场很有看头的大戏。

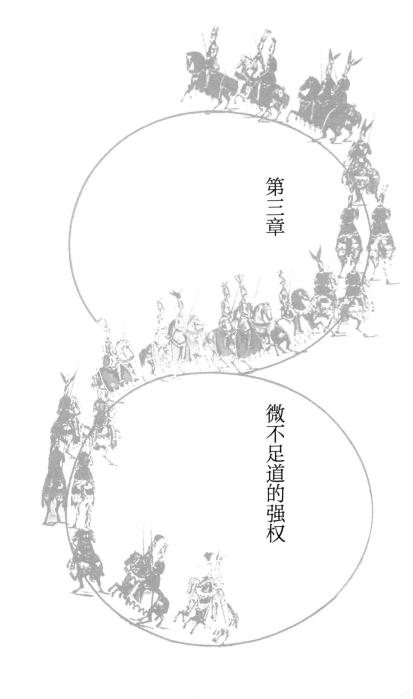

第三章

微不足道的强权

普鲁士于开始成形以及跃升为强权的阶段，完全是欧洲在《西发利亚和约》与法国大革命之间那个时期的产物。在其他任何年代，像普鲁士这样的一个国家都不可能发迹得如此耸人听闻。我们不妨将此时期称作"欧洲强权政治的青春期"，正值调皮捣蛋和喜欢恶作剧的年龄。其间欧洲的权力平衡出现了万花筒般的变化。

欧洲东北部新出现的这个半强权置身于一个不安全的中间阶段，而且那里绝非久留之地——普鲁士必须继续前进，否则就只能后退。它是一个拥有强权兵力的小国家，全国只有边境，全国只有卫戍区，更何况有感于自己随时可能遭到消灭，必须"永远保持警戒"：这不是长久之计。它的出路只有退让与萎缩，或者向前逃跑。腓特烈大帝的继任者选择努力向前逃。

腓特烈大帝的主要事迹至今仍广为人知。他从奥地利人手中拿走西里西亚，以及从波兰人手中拿走西普鲁士（这两项行动都没有任何法理上或道德上的借口可言），于是使得他自己的国家——至少是其易北河以东的核心地带——总算有了连在一起的领土形状。他真正的壮举则是在"七年战争"期间，对抗由奥地利、法国和俄国等三大欧陆强权组成的同盟，成功保住了他抢劫过来的西里西亚（那真的只能叫做抢劫）。即便最后出现过一个难以逆料的幸运发展，但那项成就其实已远非当时仍然又小又穷的普鲁士力所能及，已经近乎奇迹了。正因为这个成就的缘故，而不是由于纵使加上西里西亚和西普鲁士之后依旧微不足道的领土与人口，普鲁士才得以厕身欧洲强国之林，成为其中排名最末和最小的一个。反正一个国家若有办法在漫长的七年之内，鏖战三大强国而不被击败，那么它本身想必也是一个强国。普鲁士的案例总是显得如此不可思议。

后来在1811年的时候，亦即普鲁士的"伟大"再度看似一去不返之际，普鲁士政治家威廉·冯·洪堡写道："普鲁士非其他任何国家所可比拟；它更加伟大，而且它不仅止于希望变得更加伟大，它还必须大于本身自然实力所能及的范围。为了达到这个地步，它必须添加别的东西进来……腓特烈二世时代所添加的就是他自己的天才。"

其话中包含许多事实,不过那或许并非全部的真相;同时我们无意在此讨论,是否可借由"天才"一词,完全贴切地表达出腓特烈大帝独特的伟大之处。腓特烈的确曾透过其个人的胆识、毅力和韧性,让普鲁士做出了超越该国实际物质力量的表现,而且那种表现不是随时随地都能够加以复制的。此外,腓特烈无疑促成普鲁士的实质权力基础持续巨幅扩大,几乎增加了一倍。然而等到腓特烈去世后,其继任者们虽完全称不上是"天才",普鲁士却照样在二十年的时间内继续维持强权地位,接着狠狠栽了一个跟头之后,又重新恢复大国地位。可见除却腓特烈的个人特质与个人成就之外,必定还有其他的因素做出了贡献,才会让这个不起眼的国家具备大国质量;而我们如果更仔细观察的话,便不难发现那些其他的因素是什么。这可以从两个方面来看。

首先,独特的国家性质赋予了普鲁士非凡的弹性和延展性,而这种独特性质导致普鲁士非但比其他国家更有本领来征服异国的土地和人民,并且得以在完成征服之后,成功地进行同化与整合。

其次是有利的大环境。当时的国际权力态势尚未定型下来,仍相当具有流动性,使得腓特烈那种勇于下手和转向迅速的政策,能够获得非比寻常的机会(但很少有人记得的是,后来他的第一位继任者也维持了那种政策)。

我们将留待本章的结尾部分，于探讨第二次和第三次瓜分波兰所产生的问题时，回到上述第一点并做出较详细的说明。就第二点而言，我们则必须先把它摆在眼前，才会有办法明白腓特烈大帝之所以成功的原因，而不至于只是看得连连摇头叹息。

有利的大环境

普鲁士于开始成形以及跃升为强权的阶段,完全是欧洲在《西发利亚和约》与法国大革命之间那个时期的产物。在其他任何年代,像普鲁士这样的一个国家都不可能发迹得如此耸人听闻。我们不妨将此时期称作"欧洲强权政治的青春期",正值调皮捣蛋和喜欢恶作剧的年龄。其间欧洲的权力平衡出现了万花筒般的变化,而那是之前与之后从未有过的现象。

在之前的欧洲(同样为时长达一个半世纪,并以奇特的方式与今日类似)只有过两个真正的强权,而且当二者明争暗斗的时候,其余各国都不得不选边站:哈布斯堡王朝与波旁王朝。之后则从拿破仑危机结束直到第一次世界大战爆发为止,欧洲都处于一个既稳定又经过精心维护的五强均势体系当中。可是1648年至1789年之间的欧洲却热闹得宛如赌场大厅一般。在那一百四十年里面,欧洲大陆就像是一个"权力交易所",其各种行情不断波动起伏,而且总是有某个地方正在打仗。战争简直已经成为那个年代的常态,不过——归功于我们在前一章所描述过的军事革命——那是一种多少还可以让人忍受得了的正常状态。平民百姓继续过着几乎和平的生活，只有军队在作战。至于郡县和邦国随着纷至沓来的战争而更换统治者，那并不是什么了不起的事情。其间虽然有新强权兴起和旧强权没落，但同样也无足为奇。

自从签订《西发利亚和约》以来，德国人（或"罗马人"）的帝国已经变成了一具活僵尸。诸如巴伐利亚、萨克森、汉诺威，以及勃兰登堡—普鲁士之类的邦国，便在它腐烂的身躯之内欣欣向荣，发展出自己的生命。神圣罗马帝国已经再也称不上是强权。如今除了旧有的法国和奥地利两大霸主之外，又增加英国和俄国两个新成员。昔日的三个强国——西班牙、波兰与土耳其——已经欲振乏力，逐渐从征服者和支配者的角色沦为外国政策所争夺的对象。两个新近崛起，但有外强中干之嫌的国家——荷兰与瑞典——则在暂时跻身强权之列以后，无法长期维持自己的地位。等到二者开始没落时，又有一个更不搭调的新来乍到者登台露面，而且它出乎各方意料之外保住了自己的位置：普鲁士。

腓特烈大帝掠夺土地的行动在此背景烘托下，便不至于像现代人所理解的那般碍眼了。腓特烈的普鲁士针对西里西亚和西普鲁士所采取的行动，其实无异于法国在阿尔萨斯、瑞典在波美拉尼亚、巴伐利亚在普法尔茨，以及别人在其他地区所曾经做过或者正在做的事情。[1] 更何况就西普鲁士而言，最起码还有理由可以拿来辩解，指出普鲁士的的确确需要那块土地来衔接波美拉尼亚和东普鲁士——我们只需要看一下地图即可明白此事。

西里西亚却无此必要性。夺取西里西亚之后，普鲁士便拓展到其实跟自己扯不上关系的地区——西里西亚始终像是一个长长的鼻子，从北方连成一气的勃兰登堡、波美拉尼亚和普鲁士等地区，直直向外延伸出去。几个世纪以来，它曾伴随着波希米亚的王位一直归奥地利所有[2]，夺走西里西亚一事因而成为对奥地利的严重公然挑衅。奥地利无法原谅那场抢劫——至少有整整半个世纪如此，在内心深处更是永远耿耿于怀。我们可别忘记：奥地利曾经是，并且在很长时间内继续是一个远比普鲁士强大许多的霸权。随着这种持久的敌意，腓特烈让他自己的国家扛起了一个沉重包袱，而那远非在西里西亚赢得的土地可弥补。

那么他为何要出此下策？众所周知的是，那成为他几乎一开始就采取的行动。腓特烈在 1740 年夏天登上王位。到了同年十二月，他便命令旗下的军队开入西里西亚——"与荣

---

[1] 法国在十七世纪逐步并吞原属神圣罗马帝国的阿尔萨斯，1681 年更出兵兼并其首府斯特拉斯堡。在"三十年战争"期间，瑞典曾占领波美拉尼亚，巴伐利亚则占领远在德境西南部的普法尔茨（Pfalz）。
[2] 哈布斯堡家族从 1526 年开始兼任波希米亚国王，波希米亚国王的辖区则成为其世袭领地，其中最重要的地区包括波希米亚、摩拉维亚、西里西亚等地。

耀有约"。为什么呢？

他固然勉强有资格针对西里西亚的几小块土地提出继承要求，可是那些要求权都过于破绽百出，不足以成为动机，更何况真正被使用为借口。他自己从未讲明个中原委。如果我们看见他在1740年和1741年所做出的解释，只会读得汗毛直竖。他1740年的一封信函里面写着："一想到自己的名字将被刊登在报纸上，随后又出现于历史中，这种心满意足的感觉引诱了我。"过了一年以后，他又在《我这个时代的历史》一书的草稿中写道："拥有已完成战备的部队、装得满满的国库，以及血气方刚的性情——这些都是导致我开战的理由。"然而我们不应该对这种讲法过度当真。毕竟自我讥讽和自我嘲弄都属于腓特烈独具一格的作风。他发动战争的真正理由虽然相当投机取巧，但还是严肃多了。使得他受到"误导"的东西，其实是一个独一无二的有利机会。

哈布斯堡家族的统治者在十月去世，没有留下男性子嗣。其女儿玛丽亚·特蕾西亚的皇位继承权不无可议之处——至少可让人在承认其继承权的时候索取某种代价，例如要求获得西里西亚！那么何不干脆立刻获得双重保障，先拿走所要求的代价之后，再以拥有者的身份来讨价还价呢？更何况时机也非常有利于这么做，因为奥地利军队已在1740年悉数撤出西里西亚，占领该地的行动将形同军事演习。奥地利才刚刚透过一个不怎么有利的和约，结束了一场不怎么顺利的土耳其战争，而且"签订这个和约之后，奥地利军队处于完全失调的状态……既元气大伤又士气不振。大部分的军队在和约生效后仍然驻防于匈牙利"。此为腓特烈在《我这个时代的历史》里面的写法，可见奥地利当时所处的情况是：在政治上可被讹诈，在军事上无力抵抗。腓特烈自然不想错过这个机会，可以让自己的国家增加一大片领土。

这在道德上说不过去，在政治上也无法被称作"高瞻远瞩"。但十八世纪时的政治就是这么搞出来的，不光是普鲁士如此行事而已。所谓的"奥地利王位继承战争"便是个很典型的例子。那场战争虽然始于腓特烈的突袭行动，立刻赢得盟友的一方却并非遭到入侵的奥地利，反而是发动攻击的普鲁士：它找来了法国、巴伐利亚和萨克森。他们也都打算利用奥地利一时之间的积弱不振，准备大捞一笔。即便普鲁士趁此机会明目张胆地掠夺了土地，也完全不会对他们的同谋共事造成妨害。显然他们都觉得那没什么好大惊小怪的。

实际的发展却迥然不同。腓特烈过了一年半以后就冷酷无情地抛弃了自己的盟友。如今奥地利在备受煎熬之下，迫于形势必须设法取得喘息空间，而最简单的做法莫过于暂且让普鲁士保留西里西亚。腓特烈则觉得自己的盟友们开始变得尾大不掉，已经到了有一点让人提心吊胆的地步。既然他本身除了西里西亚之外，对奥地利已经别无所求，于是干脆毫无顾忌地单独媾和，即便奥地利只是暂时不过来跟他抢夺西里西亚也无所谓。可是一等到奥地利重占上风，压倒了随着腓特烈退出而实力转弱的同盟，他又以跟当初签约时同样冰冷的态度，撕毁新近签订的和约重新投入战局（1744年）——毕竟奥地利获胜之后恐怕会有能力把西里西亚从他手中夺走。随即他在1745年第二次毁弃同盟条约，因为奥地利第二度在西里西亚问题上面做出了让步。历经八年的光阴之后，"奥地利王位继承战争"总算在1748年不了了之地落幕，所有的参战国都没有得到任何好处，只有普鲁士除外——它早在三年前就已经从战争中全身而退，带着自己的战利品抽腿离开。当时有一位法国外交官又好气又好笑地说道："我们每一个人都在替普鲁士国王工作。"这就是那句成语的来源。[3]

反正这就是当时搞政治的手法。腓特烈的西里西亚政策无疑属于肆无忌惮的权力政治，但肆无忌惮的权力政治恰好是当时的风尚。这在所谓"第一次瓜分波兰"的时候变得更加明显，而腓特烈将在三十二年后采取的那个行动当中，获得西普鲁士做为自己的一份。1772年有三个大国于天下太平之际达成共识后，不由分说便从夹在他们中间的一个较弱小国家，切下了三块各自中意的土地。这种做法今天听起来未免令人匪夷所思，当时的想法却不一样，而且从一个事实即可看出此事——这回是三国共同猎取战利品，而不像昔日西里西亚的情况那般，只有一个国家动手。那三个大国——俄

---

[3] 法文有句成语叫做"替普鲁士国王工作"（Travailler pour le roi de Prusse），意为"做虚工"（白忙一场）。

国、普鲁士和奥地利——显然一致认为自己的行动完全中规中矩,其他的强权也都不觉得其中出现了特别违反常理或者令人发指之处,没有出面干预的必要。至于最先想出那个主意的国家到底是俄国还是普鲁士,至今仍众说纷纭。但不管怎么样,双方很快便达成协议,而奥地利的玛丽亚·特蕾西亚起初虽然犹豫了一下,结果还是一起加入行动,免得空手而归。腓特烈对此的评语是:"她哭了,可是她拿了。"

这句评语特色十足。腓特烈大帝是一个玩世不恭的人。他并不比同一时代的其他政治人物更加毫无顾忌,但与众不同之处在于他不会掩饰自己的毫无顾忌。他反而往往乐此不疲,喜欢以丑恶用语来形容他自己做过的事情(而那也是别人所做出的事情)——很难讲那究竟是出于戏谑卖弄,抑或源自内心深处对他那个"令人憎恶的手艺"(这又是他自己的用语)产生的绝望感。他无疑具有类似"梅菲斯托"一般的风格。至于人们究竟觉得那种情形令人作呕,或者反而在某种程度内具有吸引力,完全是口味的问题。毕竟有不少《浮士德》的读者认为,"梅菲斯托"比"浮士德"更对人胃口,并且会在他以玩世不恭的笑话,将浮士德老是充满形上学色彩的长篇大论削减至其尘世化的核心部分之际,心中暗暗为"梅菲斯托"叫好。但身为政治人物,腓特烈的"梅菲斯托式"犬儒主义却成为一大障碍,再加上他的卤莽作风,那几乎令他于"七年战争"期间陷入万劫不复的境地。他并非一位大师级的政治家。他的伟大之处是在别的方面。

我们之前曾经在"天才"一词的后面——亦即威廉·冯·洪堡拿来形容腓特烈大帝的用语后面——很小心地打上了一个问号。腓特烈本身虽然充满机智、富于想象力，并且多才多艺，不仅在政治和军事方面具有天分，在文学和音乐等方面也一样。但他其实无论在任何领域内都不能算是天才，反而只是一个天赋甚高、涉猎领域多得异乎寻常的业余爱好者。他为巴赫谱出的曲调固然令人肃然起敬，他写给伏尔泰的文字即便具有极高的可读性，但都称不上是天才之作。身为政治家与战略家，他也缺乏"天才般的"深入见解和远大目光，以及高手所具备的驾轻就熟技巧。恰恰相反，腓特烈至少在他漫长即位时期的前半段，一直不折不扣是个碰运气的赌徒。

腓特烈大帝的冒险

他在那个年代替自己赢得了双重声誉,被视为成功的政治家和胜利的大军统帅。对于日后普鲁士所建帝国内的德国人而言,他简直像是集俾斯麦和毛奇于一身。但如果认真进行探讨的话,与俾斯麦和毛奇的比较却刚好对腓特烈非常不利。不论我们在其他方面如何看待他们二人,俾斯麦的战争与毛奇的战役皆为计划与执行上的大师之作。俾斯麦在开始打仗之前,没有哪一次不是先小心翼翼地将敌人孤立起来,让他们陷入不义。腓特烈却在他那三场西里西亚战争当中,漫不经心地让自己成为无理的一方;在"七年战争"的案例当中,他更于孤立无援的情况下,莽莽撞撞地攻击了一个实力远远居于优势的同盟,而那个同盟之所以会组成,又只能怪罪他自己。俾斯麦进行每一场战争的时候,从一开始就晓得该如何在赢得优势之后重返和平;腓特烈却从不那么做。他"守株待兔"。

腓特烈担任军事指挥官时的表现,可以和他担任政治人物时的表现相互呼应。毛奇的战役都事先有条不紊地经过彻底计算,谋定而后动。腓特烈所打过的仗,除了极少数例外，都是战略上的即兴之作，而且往往是孤注一掷。当战局顺利的时候，那种作风可以让胜利显得特别耀眼；但它不一定每次都行得通，万一战况失利的话，后果便非常可怕。1759年"库纳斯多夫战役"[4]结束后普鲁士所处的情况，已经与四十七年后"耶拿战役"结束之际相差无几。为何后一次的战败导致全国陷入崩溃，而前一次的战败却未如此，这是一个很有趣的问题，而且我们还会在后面继续加以探讨。腓特烈个人的贡献则只不过是其中一部分的原因罢了。

但至少还是必须部分归功于腓特烈。他在"七年战争"漫长可怕的最后三个年头，才真正有资格获得"伟大人物"（der Große）这个称号，所凭借的不是其天才，而是坚强的性格。腓特烈在那几年内向时人与后世所呈现出来的，是在极度缺乏希望的情况下，由非凡的恒心、韧性与毅力，以及苦行僧般的吃苦耐劳能力——甚至麻木不仁的态度——所构成的奇观，让一次又一次的命运打击从身边弹开。这位国王于发迹之初，按照他自己的讲法，是一个轻浮的"命运宠儿"；但他在厄运当头的时候，却像是被绑在刑讯柱上的印第安人那般，展现出无畏的精神。他真正伟大的地方就在于此。即便后来出现过一个侥幸的意外（俄国的皇位更迭与改

---

[4] 库纳斯多夫（Kunersdorf）是奥德河东岸的一个村庄（或音译成"库勒斯道夫"）。1759年8月12日，普军在"库纳斯多夫战役"中惨遭奥俄联军击溃，导致柏林门户洞开。联军仅需乘胜追击，即可攻占柏林结束战争，却由于两军主帅不和而分头退兵！同年9月1日，腓特烈在一封私函中将此事称作"勃兰登堡王室的奇迹"。

变结盟对象），对其坚忍不拔做出了奖赏，但他的表现并不会因而失色。

现在到了应该更仔细察看一下"七年战争"来龙去脉的时候。这场战争被视为"普鲁士的荣耀"之精华与瑰宝，以致后来各种传说滋生蔓延，让人再也无法掌握其真正的过程。二十世纪的德国人在两次世界大战期间，都曾经将那种神话列为指标——最后众所皆知产生了灾难性的后果。因此我们又多出一个理由，务必要把真正的情况弄清楚。

首先是其背景历史。"七年战争"爆发之前所发生的事情，当时被人们称作"外交革命"。那是一场翻觔斗似的结盟体系大转换，由普鲁士首开风气。普鲁士先前征服西里西亚的行动，完成于和法国结盟之际（但如同我们已经看见的，遵守盟约与否完全随自己高兴），此后法国与普鲁士的合作关系便成为常态。腓特烈在1752年的政治遗嘱中写道："特别是自从赢得西里西亚以来，我国当前的利益要求我们与法国和所有敌视奥地利皇室的国家维持盟友关系。西里西亚跟洛林是两姐妹，而普鲁士娶了姐姐，法国娶了妹妹。[5] 这种关联性迫使两国采取相同的政策。普鲁士不可坐视法国失

---

[5] 洛林公国本来隶属神圣罗马帝国——其首府南锡（Nancy）原名南齐希（Nanzig）。洛林公爵弗朗兹计划与哈布斯堡皇位继承人玛丽亚·特蕾西亚（Maria Theresia, 1717—1780）联姻，结果引起法国抗议（担心奥地利势力重返莱茵河流域），最后被迫在1735年让出洛林。他入赘维也纳之后在1745年成为弗朗兹一世皇帝（Franz I. Stephan, 1745—1765），洛林则在1766年正式被法国吞并。

去阿尔萨斯或洛林,而且普鲁士能够发挥有利于法国的牵制作用,因为它有办法立刻将战争带入奥地利世袭领地的核心区域。"[6] 对于想给十八世纪的普鲁士硬生生套上"德国使命"的人们而言,这种讲法未免显得不可思议;可是从政治算计的角度来看,它却完全言之成理——只要法国和奥地利继续维持固有敌对关系的话。

不过事情并没有就此定型下来。法国与奥地利在欧陆固有的敌对关系一直绵延不绝,主要是基于传统,而非因为实际纠纷的缘故。其重要性如今已日益被英法两国在美洲、加拿大和印度等地的新冲突所取代。而当腓特烈在1756年与英国签订《西敏寺条约》成为盟友的时候,他低估了这种新的形势。就两方面来说,他做出了错误的判断:他期盼英国能够促成俄国脱离长久以来与奥地利的同盟,否则至少对之产生掣肘作用(但那是白费苦心);同时他断定,法国与奥地利之间的敌意无法化解(那就仿佛荷尔斯泰因[7]在一个半世纪以后所估算的那般,将英俄敌对关系列为恒常不变的因素)。可是他算盘打得不对(就跟荷尔斯泰因一样),最后惹恼了法国。这给予奥地利大好机会来消弭与法国的旧歧见,从此跟法国结盟来对抗普鲁士——这是1756年的第二个

---

[6] 从西里西亚穿越波希米亚之后,即可威胁维也纳。

[7] 荷尔斯泰因(Friedrich August von Holstein, 1837—1909)是德意志帝国外交部的高级参赞和"大内高手"(为时长达三十年),对第一次世界大战爆发之前的德国外交政策产生了重大影响。

"外交革命"。

奥地利从未接受失去西里西亚这个事实。它之所以跟俄国缔结盟约,正是为了要替日后的再征服行动做好准备。奥地利、法国与俄国新组成的三国同盟甚至目标更加远大:将普鲁士缩减至勃兰登堡边区,并且由同盟国瓜分它其余的领土。鉴于那个大同盟所享有的压倒性优势,我们既无法宣称此一目标设定得不切实际,也无法表示它超出了强权政治在十八世纪所应有的范围。那么何不干脆如同日后瓜分波兰那般瓜分普鲁士呢?

腓特烈的处境非常险恶。他的英国新盟友距离十分遥远,而预计的英国战场所在地甚至更远在千山万水之外——在印度和加拿大。他必须独力抗拒三个对手,而且其中任何一方都比他来得强大。结果他决定发动一场先发制人的战争。

可是腓特烈胆大包天,打算让先发制人之战同时也变成一场新的征服战争。在我们已曾多次引用过的1752年"政治遗嘱"里面,腓特烈有个句子写道:"在欧洲各个国度当中,普鲁士最关切的地区为:萨克森、波兰辖下的普鲁士,以及瑞典辖下的波美拉尼亚。其中又以萨克森的用处最大。"腓特烈开始打仗的方式,是不宣而战入侵和占领萨克森,并且俘虏萨克森的军队。在整场战争期间,他不把萨克森看成被占领的国度,反而视同已经遭到征服与并吞的土地。萨克森人从此必须缴纳由普鲁士官员负责征收的普鲁士税款,已成阶下囚的萨克森部队则被普鲁士国王毫不留情地整编到他自己的军队里面。此种做法证明为完全无效,因为那些萨克森士兵只要一有机会就开小差。毕竟他们的心中也有荣誉感。

这场随着萨克森遭到普鲁士征服而爆发的战争,总共可分成四个长短不一的阶段。最初的九至十个月是由普鲁士展开攻势;在接下来两年的时间内,普鲁士改采守势,把防卫战进行得出乎意料地成功;随后整整三年的时间是在绝望中进行的延宕战,普鲁士几乎已经穷途末路,只能为了求生存而负隅顽抗;最后一年则是四处蔓延的厌战情绪,结果双方师老兵疲,签订了一个妥协的和约。

卡莱尔[8]写道:普鲁士的剑比奥地利、法国和俄国的都要来得短,可是拔剑出鞘速度比较快。假如腓特烈曾经把希望寄托于此的话,那么希望欺骗了他。1756年征服萨克森的行动,让他丧失宝贵的时间。来年春天他虽然还有办法入侵波希米亚,可是已有一支同样强大的奥地利部队严阵以待。双方各自出动六万人左右的兵力,进行了十八世纪截至当时为止最大的战役——按照施利芬后来习惯使用的讲法,普鲁士人在那场战役中仅仅获得一个"不光彩的胜利"。奥地利

---

8 卡莱尔(Thomas Carlyle, 1795—1881)乃十九世纪苏格兰作家和历史学家。他是腓特烈大帝的崇拜者,曾写出六大册《普鲁士国王腓特烈二世,或称"腓特烈大帝"的历史》(*History of Friedrich II of Prussia, Called Frederick the Great*)。

部队秩序井然地退回布拉格城内固守；普鲁士部队必须展开围城战，而奥地利的救兵已赶来驰援。腓特烈不得不兵分为二，以便迎击前往布拉格解围的部队，而且他首度以数量居于劣势的兵力冒险发动攻势：三万三千名普鲁士人在"科林"对抗五万四千名奥地利人。结果他吃了败仗，而这意味着：他必须放弃围攻布拉格，并且撤出波希米亚。先发制人之战的奇袭效果随之落空。

既然事态如此，那场战争其实早就全盘皆输，因为各国现在都已经拔剑出鞘，而且他们来自四面八方：法军协同帝国派出的德国人部队（神圣罗马帝国也由于萨克森遇袭而向普鲁士宣战），从图林根攻打过来[9]；奥军夺回了防守薄弱的西里西亚；俄军则占领完全未设防的东普鲁士。但普鲁士人如今展现出自己的能耐。他们来来回回、往往复复以同一支规模不大却技巧精湛的部队，逐一迎击在数量上占优势的敌军，并且赢得三场辉煌的胜利：1757年深秋在萨克森的"罗斯巴赫"击败法军、在西里西亚的"洛伊腾"击败奥军，以及1758年夏天在纽马克的"措恩多夫"击败俄军（当时俄军已经推挺得那么远）。[10] 这三场战役直到今天仍然是普鲁士的最大骄傲，当时则使得腓特烈在世界各地——尤其是在德

---

[9] 图林根（Thuringen）位置相当于前东德的西南部，东邻萨克森、南邻弗兰肯，勃兰登堡则在其东北方。

[10] 纽马克（Neumark）在德文意为"新边区"，亦称"东勃兰登堡"，位于奥德河东岸。俄军越过奥德河之后，与柏林市最近的直线距离只有八十公里。

国（例如歌德表示过："我们皆曾一心向着腓特烈，普鲁士则与我们何干！"）——声名远播和广受欢迎：一个"大卫"力敌三个"歌利亚"！

然而腓特烈还是未能打倒他们，以致旷日持久之后，敌方本身的优势终究发挥了作用。更何况奥地利人、法国人和俄国人也有自己的军人荣誉，不甘心当永远的战败者。腓特烈旗下的杰出小型陆军则已逐渐伤亡殆尽，而他不屈不挠征集和招募过来的补充人员，在军事素养上已经无法跟"罗斯巴赫"和"措恩多夫"的胸甲骑兵，以及"洛伊腾"的掷弹兵相提并论。1759年在奥德河畔的"库纳斯多夫"，普鲁士人再度冒险以数量居于绝对劣势的兵力进行决战——这一回是对抗奥地利与俄罗斯的联军——结果遭到了毁灭性的打击，成效斐然的全方位防御随之成为过去。从此以后，普鲁士只能靠着打消耗战来拖延时间。

普鲁士竟然如此撑过了三个绝望的年头，那看起来简直像是个奇迹。但我们如果回顾一下十八世纪战争的性质，事情就不会显得这么突兀了。当时的战争不是全民战争。我们还记得腓特烈所讲过的那句话："和平的公民应该完全感觉不到国家在打仗。"现在他们却可以感觉得到了：更高的税率、贬值的钱币、更高的征兵额。不过国家并没有遭到蹂躏，农田继续被耕作，农作物继续被收割，交易继续进行下去，而且学者们继续不受干扰地致力于自己的论战。当时一些著名人物的信函被保存至今，例如莱辛与尼可莱之间的邮件往来，里面几乎看不见战争的影子。此外令人感觉奇怪的是，被征服的国家和省份竟如此理所当然地各自适应了新政局：萨克森人乖乖缴纳了他们的普鲁士税金（唯独萨克森士兵们由于自身的职业荣誉感从中作梗，以致无法为普鲁士人卖力）；西里西亚人在奥地利的占领下，立刻重新拥戴他们昔日的皇后，而等到普鲁士人回来以后，又同样心甘情愿地归顺自己的国王；东普鲁士人则向女沙皇宣誓效忠。战争可谓就在平民百姓的头顶拖泥带水地进行着，而人们卑躬屈膝地闪躲，让那场风暴从自己的上方掠过。只有对士兵们而言，那场没完没了的战争才格外艰苦，而且艰苦得可怕；不过他们受到铁的纪律约束，兵变是连想都不必去想的事情。这场不知将伊于胡底、已经看不见希望的战争，也让那位陷入困境的普鲁士国王心力交瘁。他必须每天不断想出新的法子，才得以苟延残喘下去；可是现在他也实地展现出自己的真功夫。

时至1762年初，俄国女沙皇的驾崩带来了解救。她的继承人，一位头脑有些混乱，而且私底下是腓特烈狂热崇拜者的先生，非但立刻签订和约，甚至还跟自己的偶像结盟，于是俄军换边再战。这种令人匪夷所思的事情，同样也属于十八世纪战争中的场景。那位沙皇——彼得三世——在同一年之内就遭到谋害，其一点也不哀伤的遗孀与接任者凯萨琳

(后来被尊称为大帝)[11],又取消了她那异想天开的夫婿跟普鲁士签订的盟约。不过和约继续生效,剩下来的各个同盟国也越来越倾向于和谈。他们已经国库空虚,他们的军队早就精疲力竭,法国与英国之间的战争已分出高下,而且坚韧不拔的普鲁士显然无法被击垮。七个年头是一段非常漫长的时间,更何况一场旧的战争感觉起来跟新的战争大不相同。愤怒与野心会随着漫无止境的苦难、焦虑和失望而消散。至于对腓特烈来说,他的作战目标早就只不过是求生存罢了。结果双方签订《胡贝图斯堡和约》,而这个"妥协的和约"让一切都回复到开战前的旧情况。萨克森得以复国,西里西亚留在普鲁士手中,东普鲁士当然也一样。表面上看起来没有人透过这场战争得到任何收获,而且大家都白打一仗。但这种"不分胜负"事实上是普鲁士的一大胜利:它跟三大强权打成了平手。

那么普鲁士本身是否因而也成为强权了呢?它的强权地位其实在很长时间内仍然颇成疑问。反正腓特烈自己心里始终明白,无论他再怎么战功彪炳,最后还是靠着令人难以置信的好运气才勉强逃过一劫。他早在"第二次西里西亚战争"结束之后就曾经表示过,他在有生之年将会连一只猫也

---

[11] 凯瑟琳大帝(Katharina die Grose, 1729—1796)是出身自阿斯卡尼亚家族的"德国人";其夫彼得三世(Peter III., 1728—1762)亦为"德国人"(但外祖父是彼得大帝),即位五个半月便遭到凯瑟琳配合禁卫军加以罢黜和杀害。她的中译名亦可直接按照俄文翻译成叶卡捷琳娜大帝(Yekaterina Velikaya)。

不去攻击。"七年战争"结束后,他认真地履行了诺言。他重新返回自己父亲的大方针,亦即持续不断地从内部来强化普鲁士,同时不采取好大喜功的行动,藉以避免过度消耗国力。我们不妨宣称:腓特烈于其漫长执政时期的后半段,成为普鲁士在内政上第二伟大的国王。他1763年之后的外交政策则类似其父亲那般,重新变得谨慎、谦逊和具有防御性。他所特别着重的事情,只在于阻止奥地利——例如借由取得巴伐利亚——重新在帝国内部占有压倒性的优势;此外并极力争取奥援,而且如今主要是求助于俄国。腓特烈曾经以最典型的梅菲斯托风格表示:"值得深耕与这些野蛮人的友谊",借此定下了一句国家格言。他直到去世为止都加以遵守,而且普鲁士在随后长达将近一百年的时间内也继续奉行不渝,为自己带来了益处。普鲁士在俄国的牵引下,行进得还相当不坏。但那并非真正的强权政治。比较不为人知的事实是,要等到腓特烈大帝的继任者才开始推动强权政治。

一位受到低估的普鲁士国王

腓特烈遗留下来的普鲁士成为欧洲的一个异数。它是一个小型的强权或者半个强权,在地图上看起来宛如一把土耳其弯刀或者澳洲原住民的回力镖,像一条蠕虫那般狭长而弯曲,除了边境之外几乎一无所有;此外它另有土地零星散布于德境西部,一旦发生战争的话根本无法防守。腓特烈时代晚期的普鲁士是一个不稳固的强国,我们只需要仔细计算一下,即可发现它依旧缺乏坚实的权力基础,甚至不具备赖以生存的根本。它只不过是有着刺茸茸的骇人模样、坚韧不拔的自保意志,以及可怕的军队——四分之一个世纪之前在"洛伊腾战役"和"托尔高战役"中,让整个欧洲都奈何不了的掷弹兵。只要那个伟大的老头子仍然健在,而且只要他在变得小心谨慎以后不去招惹别人,那么别人看在上帝的份上最好也不要去招惹普鲁士。

尽管如此,这只是表面上的平静。欧洲东北部新出现的这个半强权置身于一个不安全的中间阶段,而且那里绝非久留之地——普鲁士必须继续前进,否则就只能后退。它是一个拥有强权兵力的小国家,全国只有边境,全国只有卫戍区，更何况有感于自己随时可能遭到消灭，必须"永远保持警戒"：这不是长久之计。它的出路只有退让与萎缩，或者向前逃跑。腓特烈的继任者选择努力向前逃。

这位继任者，腓特烈·威廉二世（"胖威廉"），受到了普鲁士历史作者的虐待。人们无法原谅其情妇与妻妾成群的做法。但他事实上并没有那么糟糕；有一派论点甚至认为，他是霍恩佐伦家族最成功的国王之一。其性格正好与那位伟大的前任完全相反，他不是自由思想者和禁欲者，反而既好色又虔诚（这倒是一种相当常见的组合）。除此之外他喜爱艺术、心地善良、情绪冲动、积极进取、雄心勃勃，而且一点也不笨。他所遗留下来的普鲁士，非但比他所接收的普鲁士大上许多，那个普鲁士还比较轻松自如，比较充满自信，甚至比较平易近人。这个之前非常理性、穷酸和粗线条的国家在腓特烈·威廉二世统治下，开始变得文化兴盛，人才辈出。此现象持续了长达五十年之久，同时我们无法全盘否认这位国王为此做出的贡献：朗汉斯曾受其委托建造了"勃兰登堡城门"，沙多则在它的顶端安放了"四马双轮战车"；基利父子二人——以及其接任者辛克尔——给予柏林前所未有的最美丽城市建筑风貌；伊夫兰与策尔特则分别带领王室剧院和"柏林歌唱学院"登峰造极。假若国王如愿以偿的话，就连莫扎特或许也都移居到柏林去了，说不定因而能够延长他的寿命。在腓特烈·威廉二世统治时期，柏林市内的文艺沙龙和政治沙龙开始欣欣向荣，成为德意志浪漫主义运动的大本营。我们简直可以表示：时隔将近一个世纪之后，腓特烈·威廉二世又重新拾起了第一任普鲁士国王的文化传统。只不过他和那位国王没有两样，也是一个铺张浪费者。赞助文艺的君主们泰半如此。

其外交政策则承袭了腓特烈大帝早年的路线——我们还没有忘记，那些年头的作风十分恣意傲慢，几乎到了轻佻放肆的地步。正如同年轻时代的腓特烈一般，腓特烈·威廉二世的行事准则为（一名法国外交官，奥特里夫伯爵，指出这是普鲁士在那种处境下必须采取的做法）："无论欧陆发生了什么事情，都不会与普鲁士无关；任何具有一定意义的政治发展，都不可以没有普鲁士的参与。"腓特烈·威廉二世起初把它执行得太过火，以致对荷兰进行干预，用武力协助奥伦治家族复位（1787 年），此外并以战争为要挟，动员军队阻止奥地利与俄国向土耳其开战（1790 年签订了日后遭到俾斯麦严词批判的《赖兴巴赫协定》）。那些行动都只是面子上好看而已，并非能够带来实质利益的政策。但《赖兴巴赫协定》还是导引出与奥地利的和解，促成各君主国基于意识形态而在 1792 年缔结同盟来对抗法国大革命。接着爆发了战争（但宣战的一方是法国，并非同盟国），而众所周知的是，那场战争短暂中断过几次以后，一直持续了二十多年。对普鲁士而言却并非如此。

普鲁士突然在 1795 年祭出一个奇招。它以非常优厚的条件与法国单独媾和：莱茵河以东与美因河以北的整个北德地区，在普鲁士担保下维持中立（套用今日的讲法就是成为普鲁士的势力范围）。与此同时，普鲁士可以趁着奥地利对法国作战而被套牢的机会，在东方放手行事——那里自从1792年以来就持续进行着波兰与俄国之间的战争，以致彻底瓜分波兰一事成为台面上的话题，因为那场战争的胜负早已毋庸置疑。结果普鲁士这回得到了最好的一份。"布格河"以西和"皮利察河"以北的波兰划归普鲁士[12]，普鲁士因而赢得两个非常巨大、居民纯粹是波兰人的新省份——首府为波森的"南普鲁士"，以及首府为华沙的"新东普鲁士"。几乎整个的波兰核心地带从此都归普鲁士所有。普鲁士这时实际上已经成为由两个民族所组成的国家。

---

[12] 布格河（Bug）是魏克塞尔河的支流，位于波兰东部，今日构成波兰与白俄罗斯和乌克兰的界河。皮利察河（Pilica）也是魏克塞尔河的支流，位于波兰中南部。

普鲁士成为双民族国家

讲到这里，不禁让人深深倒抽一口冷气。普鲁士成为双民族国家——一个半波兰的普鲁士！从该国日后的历史发展观之，那宛如海市蜃楼一般地既不真实又不自然，是偏离路线的诡异步数。即便那种情况最后仅仅维持了十二年的光阴，但它实际上并没有那么不自然。最初始的普鲁士，东普鲁士与西普鲁士，长久下来已经与波兰形成了密切关系——东普鲁士在将近两百年的时间内成为波兰属地，是波兰国王分封出去的采邑；西普鲁士甚至在三百多年的时间内变成了波兰领土的一部分。那么何不在权力关系主客易位的情况下，将这种波兰与普鲁士耦合起来的模式延续下去，类似之前由波兰掌控那般改为由普鲁士继续出面主导？截然不同于日后德意志民族主义史学论述所呈现出来的情况，这种普鲁士向东方而非向西方的发展，绝非不可能的事情。可是若从民族主义时期的眼光来看（那个时期开始于十九世纪，甚至直到我们这个年代仍未成为过去），半波兰的普鲁士只会显得荒诞不经。可是在十八世纪的时候，双民族或多民族的国家完全不至于让人起反感。相形之下，假如是普鲁士与巴伐利亚合在一起的话（普鲁士与巴伐利亚向来风马牛不相及），反而会比普鲁士与波兰的结合显得更加不可思议。

但不管怎么样都可以确定两件事情。首先，腓特烈·威廉二世认真看待了其前任已经展开的"将普鲁士提升为大国"方案，并采取行动使之得以实现；同时他离开了自从"七年战争"结束以来，腓特烈大帝曾经驻足四分之一世纪之久的"普鲁士中间阶段"。其次，他做出了成绩——固然进行的方式有些粗鲁，而且多次出现即兴之作、快速转换与来回摆荡，到了最后无疑还是一个成功的突破。若有谁称许腓特烈大帝执政最初八年的成就（十九与二十世纪的普鲁士历史撰述便曾异口同声地对此大表赞扬），就不应该像那个历史学派所做出的另外一个动作那般，几乎口径一致地把腓特烈·威廉二世的政策贬低为"误入歧途"和"衰落的开端"。那其实是同样的政策，同样既莽撞又随性的大戏，同样辉煌的外交与军事成就，同样快速的立场转换与同盟改变，同样出人意料的突袭，以及同样的功业。普鲁士在1795年已经不复为半个强权；如今就领土大小和人口数目而言，它都真正具备了大国地位的基础。普鲁士不再是地图上面狭长的一条新月形，而成为一个厚实的区块（扣除若干土地之后，它大致等于把今日的东德与波兰结合在一起）。此区块的西侧是一直延伸至莱茵河与美因河的北德平原，那里在1795年以后非但一如既往散布着普鲁士的飞地，整体而言更透过与法国签订的条约，在普鲁士的担保之下维持中立，亦即被纳入普鲁士的势力范围。我们不妨稍嫌夸张地表示：普鲁士如今主宰了从华沙到科隆之间的整个地带——波兰的部分是在俄国默许下直接加以掌控，德意志的部分则是在得到法国默认之后间接加以掌控。但即便是采取这种合作方式，与俄法两国建立起来的同盟关系也不容小觑：它为普鲁士的权力地位提供了坚固后盾。如今已非普鲁士，而是奥地利在欧洲陷入孤立。它早就不再认为自己还有办法夺回西里西亚了。

那么普鲁士在1786年至1795年之间所做出的这种巨大成就，为何不像它此前在1740年至1748年，以及后来在1864年至1871年之间完全类似的巨大成就那般，从未得到德意志和普鲁士史学撰述的认同呢？莫非是因为那种成就所维持的时间来得更短？然而普鲁士从来都没有过任何成就能够长期延续下去。主要的理由显然是来自其他方面。昔日特赖奇克（Treitschke）学派的普鲁士—德意志历史撰述谴责了那些成就，因为它们在其眼中是误入歧途：那个普鲁士—波兰双民族国家背离了普鲁士的"德国使命"。时至今日，人们则是为了波兰的缘故而以瓜分波兰的行动为耻，感觉那不合乎正义，甚至是对波兰民族的犯罪行为——因为没有人曾经询问过他们的意见。

然而当时根本没有人会去询问各个民族，他们究竟希望生活在谁的统治下。从来都没有人那么做过，而且各民族也不曾期待会有任何人那么做。在十八世纪的时候既没有德意志民族主义，也没有波兰民族主义。政治是皇帝与国王们的事情，百姓则按照政局的发展来改变自己的国家和统治者，他们已经司空见惯，早就习以为常。当时没有任何人晓得什么"普鲁士的德国使命"，德国人根本不做此想，普鲁士人当然也不会有那种念头。就波兰人而言，当初他们也曾在该国的全盛时期，毫不迟疑地并吞了立陶宛、白俄罗斯、乌克兰的土地，以及德国人所定居的地区（西普鲁士）；如今他们虽然自己也受到了屈辱，但他们几乎不会在主客关系易位之后，为了自己从俄国、普鲁士和奥地利那边领教到同样的事情而感觉奇怪。其实他们比较高兴自己是落入普鲁士或奥地利，而非落入俄国手中；情况大致类似德国人在1945年以后高兴自己是被西方，而非被东方占领。

不过即便如此，到了十八世纪将尽之际，对群众产生主导作用的民族主义可谓已经"站在门外"。法国大革命除了传播民主与民治的理念之外，也传播了同样新颖的民族主义。在随后的时间内，许多德国人因为拿破仑的异族统治，许多波兰人因为各个瓜分国的管辖，于是变成了民族主义者。但"许多人"还远远不等于"所有的人"。新形成的民族主义与旧国家秩序之间的斗争，在整个十九世纪都不断地进行下去，甚至例如在奥地利那般，还一直延续到二十世纪，然后民族主义（至少是那种概念）才在今天普遍赢得胜利。可是这一切在腓特烈·威廉二世的时代都还是未来式，即便具有非凡远见的人也未必能够预料到这种局面。我们因而不能责怪十八世纪八九十年代的普鲁士，为何一定要遵循当时的想法，而非按照十九和二十世纪的理念来行事。

毕竟普鲁士与那个时代——其成形时代——的理念结合得更加密切，不像其他历史较悠久的国家那般，仍然置身在中世纪和宗教战争时期的余波之中。普鲁士反而十分现代，是启蒙运动时期最现代化的国家，而且我们大可用腓特烈那种玩世不恭的讲法来宣称：普鲁士是十八世纪的流行款式，但流行款式很快就会随着时尚的改变而过时。我们将在下一章看见，普鲁士如何于腓特烈·威廉二世的继任者统治下，左支右绌地设法继续与时俱进（停留在"时代的高处"），同时我们也会看见，普鲁士为达此目的而进行的伟大改革工作，如何在做出各种努力之后归于失败。但是1790年和1795年的时候，一切都还在未定之天。当时除了法国之外，整个欧洲仍旧处于洛可可时代，正值启蒙运动、国家利益至上原则和君主专制政体全盛期的尾声，而普鲁士完全是那个时代的产物以及那个时代最纯正的具体化身：它并非"民族国家"（Nationalstaat），而是一个"理性国家"（Rationalstaat）。普鲁士的弱点或许就在于此，但整整一百年来那也是其优势之所在。

大家或许还记得，我们曾经在本章的开头部分，简短提及普鲁士所具备的一种特殊弹性，而且这种宛如橡胶般的延展能力曾在整整一个世纪之内，让普鲁士获益匪浅。此外我们还承诺将留待本章的结尾部分，于探讨瓜分波兰所产生的

第三章　微不足道的强权　117

问题时重新回到这一点。现在到了该这么做的时候。

十八世纪普鲁士成功的故事——而且无可否认是一个相当耸人听闻的成功故事——不只是建立在腓特烈大帝的"天才"之上,不只是因为极为有利的外在环境和技巧十足地利用了那种环境,甚至也不只是起源于军事上的幸运和过人的作战能力。主要的原因反而是:普鲁士与那整个世纪的时代精神完全协调一致。这个理性国家仿佛是特地为理性主义时代量身打造的一般。它除了国家之外别无所有,而且完全只是一个国家,没有民族,没有种族,十分抽象。它被按照启蒙运动的精神建构出来,只是一个纯粹的行政、司法与军事体系,"普鲁士"一词因而几乎可以被无限制地扩大和移植,任意覆盖到任何一个民族、部落和地区之上。有一段流行于当时的韵文表示:

除非逼不得已,否则没有人会想当普鲁士人。
但如果他变成了普鲁士人,他感谢神。

这个普鲁士理性国家不只是一架硬邦邦、宛如用金属制成的机械装置(后来黑格尔或许有些夸张,但并非毫无道理地称之为"国家理念的最完美体现",以及"历史上所曾有过最纯净的国家理念")。普鲁士固然拥有机械化的性质,可是它更具备一种冷冰冰的自由、正义与宽容作风,而且那些做法并不会让其臣民感觉不舒服——因为如同我们已经在前一章看见过的，它们是建立在一种"无所谓"的态度上面。当其他地区还普遍流行把巫婆烧死的时候，普鲁士早就不那么做了。普鲁士没有强迫受洗和宗教迫害的现象，每个人都可以按照自己的意愿来思想和写作，人人在法律面前平等。国家没有偏见，并且讲求理性、实际和公正。人们只需要把国家所该有的东西交给国家，国家就让他们"各得其所"。

以普鲁士在1772年与1795年兼并过来的数百万波兰人为例，他们日子过得不会比从前差，反而更好。当时并没有"日耳曼化"的念头，不像过了许久之后，德意志国于"俾斯麦时代"——以及更积极地在"后俾斯麦时代"——所采取的可悲做法。假如有谁在十八世纪向普鲁士人做出建议，要求他们以希特勒在二十世纪所使用的那种方式来对待波兰人（或者如同波兰在战后以牙还牙对付被划归其境内的德国人一般），十八世纪的普鲁士人一定会目瞪口呆地把那种人看成是疯子。变成普鲁士人的波兰人既没有被看待成次等人，也没有被视为异类而遭到排斥，其语言、习俗和宗教更完全不受干扰或侵犯；比方说，他们反而获得了比从前更多的学校，而且老师们当然必须说波兰话。波兰的农奴制度已被普鲁士较为温和的世袭佃农制度所取代，而且所有的波兰人都受到1794年生效的《普鲁士国家通用法典》保护——他们珍视这种司法保障的程度，就如同十年以后莱茵兰人看待《拿破仑法典》一般。顺便值得一提的是，普鲁士在编纂民法典的工作上（亦即将法治国家理念付诸实现的第一大步），毕竟比法国早了十年。波兰上层社会人士则都可以在普鲁士从政和担任军职，而且许多波兰贵族家庭，诸如拉齐维乌、拉多林、胡腾—恰普斯基、波德别尔斯基等家族的成员，几个世代以来都是既忠诚又显赫的普鲁士人。其中一人将在1871年以后难掩哀伤地表示，波兰人无论什么时候都能够当普鲁士人，可是却永远也无法变成德国人。

这种抽象的国家概念不根植于任何民族或部族，可谓能够随心所欲地运用下去，而普鲁士的强处就在于此。但如同现在所将显示出来的，它也可以成为弱点。它固然使得国家具有几乎无限的扩张能力——不仅有能力进行征服，而且也有办法真正并入被征服的土地，从中汲取新的力量。可是万一国家出了毛病的话，它也以一种特殊的方式让百姓觉得国家可有可无。普鲁士国民的身份不仅可被接受，而且就许多方面而言甚至是令人愉快的事情。毕竟不是在每一个国家都能够找到那么多的生活秩序、法律保障和良心自由，那甚至可以带来一定的自豪感。然而普鲁士人的身份并非不可避免，并非不可或缺；没有人是自然生成的普鲁士人，其情况有异于法国人、英国人、德国人，甚或巴伐利亚人和萨克森人。普鲁士国籍比其他任何国家的国籍更容易遭到替换——如果普鲁士这个国家能够像一顶帐篷那般罩到别的民族头上，而不至于对他们造成特别的干扰，那么这顶帐篷同样也可以重新拆除，不会让百姓感觉那是一场灾难。普鲁士并非一个具有自我修复能力的有机体，反而是一架结构精美的国家机器；但正由于它是一部机器，如果飞轮故障的话，整架机器就会停摆。到了腓特烈·威廉二世的继任者腓特烈·威廉三世任内，飞轮终于故障，于是机器动弹不得。在接下来许多年的时间内，那架机器看似再也无法重新启动。

　　结果普鲁士撑过了断裂测试。它最后能够证明自己不只是一架机器吗？或者它至少会有办法变成不一样的东西？

第四章

严峻的断裂测试

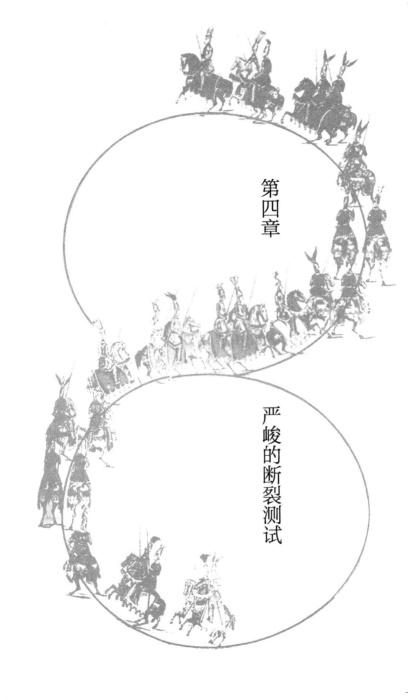

1806年10月14日,兵分二路出击的普鲁士部队相继在耶拿与奥尔施泰特惨遭败绩。此次战败带来了灾难性的后果:全国军队已经溃散、各地的要塞和首都柏林相继投降。整个普鲁士已沦为法国占领区,变成拿破仑在欧洲的出气筒。

在1814年至1815年为重建欧洲秩序而召开的"维也纳会议"上,普鲁士很明显地扮演了第二流的角色:它虽然看似与俄、奥、英、法四大强权平起平坐,得到同样尊重,但其实只不过是遭受列强处置的对象。结果普鲁士失去了波兰的土地之后,在自己从未期待过的地区获得补偿。

英国历史学家泰勒认为,用莱茵兰来补偿损失的做法是一场恶作剧,被列强使用于耍弄倒霉的普鲁士。至于德国最大的煤矿区就在该地,而且那里有朝一日将成为德国最大的工业区,当时是没有任何人能够料想得到的事情。

普鲁士之前在"七年战争"时期,即已接受过一次严峻的断裂测试。假如它打输了那场仗的话,就会宛如日后的波兰一般,被敌对联盟按照预定计划加以瓜分。这么一来,普鲁士的历史势将随之告终。

"七年战争"结束半个世纪后,普鲁士的命运再度面临同样威胁,而且这一回是接受双重考验。1806年的战败,使得普鲁士到了生死存亡的最后关头;结果它好不容易才保住一命,1813年却又重新冒着全盘皆输的危险。1813年的时候,普鲁士的存续成败也在几个月之内悬于一发(此事后来却遭到爱国主义史学论述刻意低调处理)。这一回到最后总算进行得非常顺利,可是通过了双重断裂测试的普鲁士早已面目全非,变得几乎难以辨认。

从另外一种意义来说,那也是一个双重断裂测试:因为普鲁士不仅在1806年和1813年两度孤注一掷,它更有异于整整半个世纪以前[1],除了外部断裂测试之外,还必须接受内部断裂测试。欧洲对抗拿破仑和法国大革命的巨大冲突,非但使得普鲁士在外交方面陷入双方的战线之间,就连在内

---

[1] 1806年和1813年整整半个世纪前,刚好分别是"七年战争"(1756—1763)开始和结束的时间。

政方面，那条战线也直直从普鲁士的中央切过。结果当普鲁士为求生存而奋斗的时候，国家内部正处于撕裂状态，在改革与反动之间遭到来回拉扯。于此内部相争的过程当中，1806年和1807年危及国家生存的败仗，促成改革派暂时获胜；1813年至1815年带来拯救的"解放战争"，同时却意味着反动派的胜利。

普鲁士的历史传说向来都不愿意承认此事。按照其至今仍深植于许多人脑海中的迷思，1795年至1815年之间二十年的普鲁士历史，断裂成两个截然不同的阶段，而且它就跟普鲁士的国旗一样黑白分明。依据其论点，与法国革命政府签订《巴塞尔和约》后的那些年头，从1795年到1806年，是一个停滞与颓废的阶段，结果导致1806年的崩溃。1807年至1812年之间的年代，则是一个勇于进行改革、再生，以及为起义做好准备的阶段，最后在1813年"按预定计划"展开了行动，而所获得的报酬就是解放战争的胜利。

我们必须摆脱那种传说。因为它不仅过度简化事实，它更篡改了真正的历史。那整段时期实际上属于同一个单元，所涉及的始终是同一批人物与机构。两位最著名的改革派内阁成员，斯坦因与哈登贝格，早在1806年之前就已经是普鲁士的部长了；最重要的军事改革家——沙恩霍斯特——当时则已担任副参谋总长。人们不断积极致力于普鲁士国家体制的现代化，1806年之前和之后都没有两样。签订《巴塞尔和约》以后的十年期间，普鲁士即已孜孜矻矻地——我们亦可称之为：令人动容地——设法在进步和现代化的程度上与革命后的法国并驾齐驱，并且透过由上而下的改革来仿效法国大革命所获致的成果。1806年的灾难之所以能够协助改革者取得突破，正是因为它以极度戏剧化的方式，显露出法国新理念所享有的优势。此际还想象不到1813年时所将出现的情况，然而等到拿破仑的光环在1815年熄灭后，普鲁士的改革也随之成为过去。

一位爱好和平的国王

1799年的时候,普鲁士财政部长斯特鲁恩西(他的弟弟就是那位著名的斯特鲁恩西,三十年前曾以改革者之姿在丹麦现身,并为此失去自己年轻的生命)[2]已经在柏林告诉法国大使:"贵国由下而上所进行的那场有益的革命,在普鲁士将由上而下逐步加以完成。国王陛下是自成一格的民主派人士。他坚持不懈地致力于限缩贵族特权……再过几年以后,普鲁士境内将不复存在任何特权阶级。"这种讲法或许多少有一点是为了迎合说话对象的口味,但它绝非谎言。如果我们想明白其背后的含义是什么,就必须先把下列事项弄清楚:

普鲁士在十八世纪不仅是欧洲最新颖的国家,同时亦为最符合时代精神的国度,其强处不在于它的传统,而是来自它的现代性。不过自法国大革命爆发后,突然冒出一个更加

---

[2] 那位"著名的"斯特鲁恩西(Johann Friedrich Struensee, 1737—1772)是丹麦国王克里斯提安七世的御医,1771年于国王精神错乱后成为实际上的摄政(英国籍的王后与他有染而产下一女)。斯特鲁恩西意图遵照启蒙运动的精神全面推行自由化改革,结果激起贵族的仇恨而在睡梦中被逮捕,最后惨遭砍右手、斩首和分尸。

现代化的国家，以及一些更加先进、更具吸引力的政治理念。法国的"自由、平等、博爱"，听起来可要比普鲁士的"各得其所"响亮多了。

采用新理念的那个国家，也让自己在一个方面得到强化，而那正是普鲁士所特别在意的领域：军事领域。法国大革命不只是一场政治革命和社会革命，它同时也是一场军事革命。如今法国拥有了某种崭新的东西：普遍征兵制。普鲁士人早在1792年和1795年参战的时候，就已经有过令人震撼的经验，发现法国的革命军队赋予战争一种全新的面貌——那不仅仅在于其数量，而且也在于其战斗精神。法国大革命已将法国农民同时变成了士兵和自由的自耕农，如今他们真正是为了"自己的"土地而战。如果普鲁士不想在它迄今最强固的方面——军队那方面——落后的话，就必须让类似的措施也在普鲁士成为可能，但当然不可透过革命来进行。普鲁士最进步的人物早在1795年以前即已得出这项结论。哈登贝格曾于1806年的军事灾难发生之后，简明扼要地总结了他们当初的动机，表示1789年的理念令人无法抗拒："那些原则所产生的力道是如此强大，以致不接受它们的国家要不只能面对毁灭，否则将被迫必须采取同样的原则。"此外："君主政体中的民主原则，这在我看来就是最契合当前时代精神的形式。"

此话讲得固然很好，只可惜当然是说起来容易做起来很难。普鲁士改革者们所追寻的目标——解放农民、普遍征兵制、取消贵族与资产阶层之间的界限——已经不再局限于单纯的改革，而将成为一场由上而下的革命。新上任的国王腓特烈·威廉三世虽然起初还相当能够接受新理念，本身却完全不具革命色彩。他是一位非常平民化、头脑非常冷静的国王，以及一位模范丈夫，而其妻就是那位美丽聪慧、广受爱戴的露易丝王后。他讲道德，适应力强，并以一种羞涩而略带阴郁的方式维持进步作风，可是却又焦虑固执。有一名他的内阁成员偷偷在他背后指出，他最喜欢的时刻，就是拿不定主意的时候。

改革派此外还必须克服阻力！迄今保持不败的普鲁士军队，戴着来自腓特烈战争时代、已有些枯萎的胜利桂冠抗拒一切改革，几乎只能算是最微不足道的问题。军队的立场反正向来保守，那在政治上简直是天经地义的法则。更严重的问题来自其他方面。普鲁士没有办法变成第二个法国，这是爱莫能助的事情，而其原因正在于普鲁士的社会结构大不相同。

法国大革命是一场中产阶级革命，而法国农民之所以获得解放，必须归功于他们和实力强大、支持革命的城市资产阶级之间紧密的阶级联盟。当时普鲁士却还没有既强大又自觉的城市资产阶级，它根本就不存在。1800年前后，87%的普鲁士百姓生活在农村和乡间的庄园小区。剩余13%的人口当中，只有6%住在居民超过二万人的城镇里面。而这61%即便把小厮和仆役全部都包含进来，总共仍不超过五十万人——再扣除一小批财力有限、相当寒酸的商人之后，纯粹是知识中产阶级、牧师、教授、老师、艺术家，以及占了绝大多数的官员。跟那些人是无法搞革命的，就连由上而下的革命也不例外。

普鲁士知识中产阶级在签订《巴塞尔和约》后的十年内欣欣向荣，达到前所未见的地步。柏林市经历了一场近乎狂热的文化兴盛期，而且说来奇怪的是，这种情形往往出现于政治大灾难前夕。在1870年以前的巴黎、1914年以前的维也纳，以及1933年以前再度于柏林，我们都可以观察到类似的现象。当时有一大群文学奇葩聚居在普鲁士的首都。其中的贵族成员诸如克莱斯特、哈登贝格（诺瓦利斯）、阿尔尼姆、德·拉·莫特—富凯[3]；平民成员则包括了提克、布伦塔诺、弗里德里希·施莱格尔、霍夫曼。[4] 浪漫主义时代的柏林开始取代古典主义时期的魏玛，成为知识界的中心。文学界和政治界的精英，出入于拉尔·莱文以及朵萝蒂雅·施莱格尔所主持的沙龙。甚至有一位王室成员——才华洋溢、特

---

[3] 克莱斯特（Heinrich von Kleist, 1777—1811）是普鲁士剧作家和诗人。哈登贝格（Friedrich von Hardenberg, 1772—1801）是来自萨克森的浪漫主义作家，笔名为"诺瓦利斯"（Novalis）。阿尔尼姆（Achim von Arnim, 1781—1831）是普鲁士诗人和小说家。德·拉·莫特—富凯（Friedrich de la Motte-Fouque, 1777—1843）是法国裔普鲁士浪漫主义作家。

[4] 提克（Ludwig Tieck, 1773—1853）是普鲁士早期浪漫派作家。布伦塔诺（Clemens Brentano, 1778—1842）是意大利裔德国浪漫主义诗人。弗里德里希·施莱格尔（Friedrich Schlegel, 1772—1829）是来自汉诺威的文化哲学家和作家。霍夫曼（E. T. A. Hoffmann, 1776—1822）为普鲁士奇幻文学作家。

立独行的路易·费迪南亲王——也在那里走动。就国王周围的人士而言，出身中产阶级的内阁会议成员蔚为主流，他们被称作"普鲁士雅各宾党人"，那里面包括了拜默、隆巴尔，以及曼肯，而最后一人就是俾斯麦的外祖父。贵族出身的大臣和外交官当中则有类似哈登贝格和洪堡那般的人物，感觉自己比较亲近新崛起的中产阶级政治与文学菁英，而非跟他们来自同一阶级的乡间容克贵族。那绝对称不上是僵化和停滞，反而是一个多彩多姿的世界，充满了现代、进步、人道与改革的理念。一位军官，日后参与军事改革的博因，已经公开倡议废除军中的体罚和笞刑；除此之外，解放农民、就业自由、解放犹太人、城市自治等事项亦已广受讨论。

不仅沙龙里面如此。斯坦因和哈登贝格于1806年至1813年推动的大多数改革措施，其实早在1806年之前，即已由各个部会加以规划筹备。然而它们不曾被付诸实施，毕竟改革的意愿基本上还只是出现在首都的知识分子与高级官员之间。在乡间地区——亦即87%的普鲁士臣民所居住，并且由容克贵族进行统治的地方——封建制度依旧大致完好无缺，其巨大的阻力使得改革派暂时一筹莫展。我们可以宣称：普鲁士无法模仿法国大革命，即便其最优秀的人才早已认清改革的必要性也无济于事，因为它太健康了。1800年时的普鲁士不同于十年以前的法国，并没有出现"革命形势"。法国的封建体系已经在十八世纪逐渐腐朽。普鲁士的封建体系却依旧厚实健全，充满活力，不必多费工夫就可以把首都的改革计划贬低为庸人自扰。

1806年之前仅仅完成了唯一的一项主要改革工作：解放国有领地上的农民。它跟后来斯坦因尝试针对私有庄园进行的农民解放相较之下，可要成功多了。在国家直接经营管理的地点，除了计划与讨论之外，还能够采取实际行动。1806年以前共有五万多名国有地的农民成为自由自耕农；其人数超过了后来1807年至1848年之间的总和。别的一切则都仅仅停留在计划和草案的阶段而已；当时固然存在着改革的氛围，却还没有改革的政策。《巴塞尔和约》生效期间的普鲁士既不缺乏开明的想法，也不缺乏追求进步的意愿，可是由于受到了旧体制的束缚而不具有行动能力。那些束缚一直要等到对外作战失败以后才遭到破除，可是整个国家也几乎因为战败而遭到毁灭。

导致1806年开战与战败的经过，是一段稀奇古怪、发人深省的历史。腓特烈·威廉三世国王与他的两位前任大相径庭，是一个名副其实的和平主义者。他登基即位之前不久，曾经写出《治国艺术沉思录》作为自己的指导方针。文中有云："国家最大的幸福在于长期不断地享有和平；当邻国不打算招惹我们的时候，最佳的政策莫过于一直正视这个原则。我们绝不插手干预与己身无关的他人事务……为了预防被迫卷入他人的事务，就应该避免迟早会让我们涉及此类纷争的盟约。"这也就是说，要借由保持中立来维护和平。腓特烈·威廉三世谨守这个原则，在九年的时间内看似获得了成功。

那九年来欧洲几乎不断处于战争时期。偏偏只有这个国家坚持自我孤立，继续成为一座和平的岛屿——大家应该还记得，腓特烈·威廉之前任两位国王的行动准则却是："无论欧陆发生了什么事情，都不会跟普鲁士无关；任何具有一定意义的政治发展，都不可以没有普鲁士的参与。"它甚至还在此时大发利市：德境西部于法国操盘下大肆进行土地重划的时候，1803年所谓的"帝国代表重要决议"促成普鲁士的疆域再度巨幅增加，几乎获得了整个西发利亚。那完全不必打仗，难道还会有更好的事情吗？过了一年以后，当拿破仑自立为"法兰西人的皇帝"，而神圣罗马帝国皇帝弗朗兹眼看苗头不对于是改称"奥地利皇帝"之际，拿破仑要求普鲁士国王也跟着一起称帝——"普鲁士皇帝"。腓特烈·威廉三世坚决敬谢不敏。他在前述《治国艺术沉思录》里面已经表示过："人们不应该为了虚幻的荣景而使得自己陷入盲目。"他不打算让普鲁士跟四大帝国平起平坐，避免因此被卷入他们之间的钩心斗角。他单单只想当普鲁士国王，而且他一心希望不受干扰。假如必须打仗的话，他"不愿意自己是犯错的一方"。

德境中部的邦国当时在普鲁士保护下保持中立，其中一个小邦的部长——歌德——曾以老于世故的怀疑论点，近乎摇头叹息地针对那一切发表了意见："世界的每一个角落都在燃烧，欧洲却演变出另外一种态势；城市与舰队已在陆地和海上成为一片废墟，可是在欧洲的中央，德国北部却依然享受着某种狂热的和平，而我们便在其中沉溺于问题百出的安全感。西方的大帝国已然建立，其根茎与枝叶正向四面八方蔓延开来。与此同时，普鲁士却表面上获得特权，可以在北方自我巩固。"我们从中听见了怀疑。歌德不信任普鲁士的和平。他是一个比腓特烈·威廉三世更加接近现实的政治人物。

腓特烈·威廉三世万万没有想到，"中立"的性质会随着外在权力关系的改变而出现差异。当普鲁士在1795年单独与法国签订《巴塞尔和约》的时候，法兰西共和国还是一个捉襟见肘的国家，巴不得普鲁士能够保持中立，并且不惜为此付出昂贵的代价。十年后的法兰西帝国却已跃居欧洲第一强权，正准备成为宰制整个欧洲大陆的霸主。普鲁士的中立态度已在无意之间沦为被动地偏袒法国。

一场莫名其妙的战争

奥地利和俄国在1805年与英国结盟,意图借此打破拿破仑的霸主地位。现在到了该摊牌的时刻。俄奥两国一再敦促普鲁士加入反法同盟,可是腓特烈·威廉三世继续牢牢紧抱着自己的中立政策不放。1805年他虽然与沙皇在波茨坦的腓特烈大帝灵柩旁边,共同演出了一场既庄严隆重又有些装腔作势的结盟秀,他受到沙皇说服而做出的最激烈动作,却也只不过是进行武装调停。然而拿破仑动作太快,还来不及接见普鲁士的特使,就已经在奥斯特里茨击溃奥俄联军,并逼迫奥地利单独议和。俄国怒不可遏地退回自己的国界。此际再也没有事情需要普鲁士调停了。

拿破仑现在反而提议与普鲁士结盟。尤有甚者,他是以专横的态度提出要求,催促普鲁士那么做。接着在1806年2月(这是后来经常被避而不谈的事实),双方果真缔结盟约。但这个同盟相当违背了国王的初衷,而且仅仅只是针对英国而已,俄国不包括在内。当1805年的战争仍在进行时,普鲁士的中立态度已已经偏袒了强势的一方,亦即法国那方面。等到法国战胜后,普鲁士想必只会乐得让拿破仑提议结盟来表达感谢之意，进而以领土扩张作为酬庸——普鲁士获准吞并英国的汉诺威，随即在六月那么做了。英国做出的响应则是没收所有的普鲁士商船。结果普鲁士几乎不明所以地发现，自己赫然站在法国旁边加入对英国的战争。接着仅仅时隔三个月之后，对英之战又突然变成了对法国的战争。

怎么会变得如此？这种转变看起来令人费解。没有任何人想要那场战争或者计划过那场战争，拿破仑也一样。他对普鲁士的军队仍然心怀敬意（拿破仑获胜以后，曾经站在腓特烈大帝的墓旁说道："假如他还活着的话，我们就不可能在这里"），而且他在 1806 年仍然宁愿让普鲁士成为次要伙伴，而非必须加以击败和征服。就腓特烈·威廉三世而言，他本人便是"对和平之热爱"的具体化身。我们甚至可以宣称：他是因为自己"对和平之热爱"受到了伤害，才踉踉跄跄一头栽进战争。他无法原谅拿破仑强迫他结盟。之前法国部队未曾征询同意，径自在安斯巴赫行军穿越普鲁士领土，这种轻蔑的举动更让他深受侮辱。既然要打仗的话，那么与其向对他秋毫无犯的英国开战，倒不如跟那个无意让他"不受干扰"的侮辱者作战！同时这位国王也看了出来，跟拿破仑结盟之后，他迟早难免会与自己的朋友——沙皇——兵戎相见。于是普鲁士在七月瞒着它的法国新盟友，和俄国沙皇签订了某种形式的"再保条约"。拿破仑得知此事以后所做出的反制，就是来势汹汹地向图林根进军。普鲁士随即动员军队，并且提出最后通牒要求停止这种行动。拿破仑的答复却是展开入侵。法国那方面表现出不信任的态度，普鲁士方面则积愤难消，双方的虚荣心都受到伤害，以致两个盟友之间出现了摩擦，从而造成短路。双方在这场战争中都缺乏明确的方案，普鲁士事先更完全不曾评估过胜算。结果就在没有盟友和缺乏政治目标的情况下，进行了一场绅士受侮辱后的面子战争。我们简直可以表示：1806年的时候，普鲁士依然在捍卫其早已失去的中立性。这与十八世纪普鲁士的战争形成了多么强烈的对比！

在一天之内即已分出军事上的胜负。1806年10月14日，分头挺进的两支普鲁士部队，各自在"耶拿"与"奥尔施泰特"遭到击败（那是两场不同的战役，并非习称的"双重会战"）。此事发生得并不让人意外。拿破仑直到那时为止，不管对手是谁，从来没打过败仗。令人惊讶的是随后的事件：普鲁士完全不加抗拒地——甚至热心地——接受耶拿与奥尔施泰特的结果。遭到击败但并未被歼灭的军队很快就投降了。各地的要塞不战而降，国王出奔东普鲁士，战胜者在柏林几乎受到欢呼迎接，整个国家机器乐意与战胜者"勾结"，普鲁士官员甚至以某种方式向拿破仑宣誓效忠。昔日"七年战争"期间，普鲁士在"库纳斯多夫"吃了同样惨重的败仗之后，却呈现出坚忍不拔的精神。相形之下这又是多么强烈的对比！

如同之前战争爆发的经过一般，这种对比也有待解释。或许二者的解释如出一辙。1806年的战争是一个"短路"事件。没有人真正明白那到底是怎么回事,因为一切都被弄得七颠八倒。无人有暇去理解,为何普鲁士与法国当了十年的朋友,而且不久前才刚刚成为盟邦,现在却突然反目成仇。一切都像是一个让人搞不懂的误会——拿破仑的快速胜利和普鲁士的快速崩溃皆然。说不定双方还会重归于好,而且一切都将恢复原状。

事实上没有任何东西变得跟从前一样,普鲁士的国家生存危机才正要开始。其命运此时完全掌握在胜利者的手中,而拿破仑就两方面而言都对普鲁士失望透顶:当初他希望普鲁士能够成为盟友,而且他想象中的普鲁士远较强大。憎恨与轻视如今决定了拿破仑的政策;普鲁士必须受到惩罚,同时它在政治上可被利用为供操作的素材。除此之外,拿破仑针对普鲁士并没有既定的计划。他只不过是即兴发挥罢了。拿破仑最初的构想是把普鲁士的面积减半,做为与俄国之间的缓冲国:普鲁士在德境西部的领土被并入他的"莱茵邦联";普鲁士此后可以暂时在易北河与布格河之间继续存在下去,成为一个纯粹位于东方的半波兰国家。以此做为基础,10月30日就已经在夏洛特堡宫签署了和平草约。然而拿破仑接着又追加新的要求:普鲁士必须与俄国决裂,并且给予法国军队无限制的通行权。因为在奥斯特里茨战役之后休眠的对俄战争,当时并没有打完![5] 这一回腓特烈·威廉三

---

[5] 普鲁士夹在"莱茵邦联"与俄国的中间,法军必须穿越普鲁士以后才打得到俄国。

世奋身抗拒,他在避难的地点——东普鲁士的"奥斯特罗德"——与大臣们进行了令人精神崩溃的激辩之后,决定要那么做。现在拿破仑怒不可遏,于是草拟了一项完全解散普鲁士的方案:西里西亚归还给奥地利、波兰复国、废黜霍恩佐伦王朝。奇特的是,他竟然认真至极地规划出那种方案:他跟奥地利作战的次数虽然较多,交手的时间也比较长,却从未打算如此处理奥地利。但普鲁士正好是可以或缺的对象。

接下来拿破仑又暂时放弃了那种想法。现在对他来说,普鲁士的最后命运也完全要看对俄战争的结局如何。于是他命令自己的部队继续向东普鲁士推进。

此际俄军亦已抵达当地,而普鲁士人也就地拼凑出一个军的部队。1807年2月18日随即在埃劳进行了一场血腥得可怕的冬季战役,而且那是拿破仑第一次没有打赢的仗。双方不分胜负,于是盟国又重新振作起勇气来。俄国与普鲁士随即在四月正式签订盟约,其内容已经预示了后来在1813年缔结的同盟:一直作战到完全击垮拿破仑为止、不单独议和、普鲁士恢复1805年时的疆界。但那暂时还只是白日梦而已。拿破仑于六月再度大败俄军,导致沙皇的将领们建议马上停战,而拿破仑在1807年尚未做好入侵俄国的准备,于是拿破仑和沙皇做出一个戏剧化的举动,在停泊于尼门河[6]中

---

[6] 尼门河(Niemen)位于东普鲁士东北端,也称作默美尔河(Memel),河的北岸就是第一次世界大战结束后受到争议的"默美尔地区"(Memelland)。

央的木筏上会面修好，最后签订了《提尔西特和约》。普鲁士的命运亦随之底定，但是它自己已经失去发言权。

有了与俄国的盟约之后，兼之以——顶多只能算是象征性地——在东普鲁士进行的抵抗活动，普鲁士最起码得以实现一件事情。那就是它的未来不再仅仅被拿破仑只手掌握，而是落入拿破仑与沙皇亚历山大两个人手中。然而普鲁士能够借此获得的东西并不多。沙皇堂而皇之地抛弃了四月签订的盟约，以及有关恢复1805年普鲁士疆界的承诺。那个反正已经死了一半的普鲁士与他何干！不过为了顾及自身的荣誉，他还是极力避免让他的普鲁士小盟友完全崩解，而拿破仑现在也无意大做文章加以反对。

一笔交易于焉完成：缔结和约的双雄可谓各自在对方的棋盘摆上一个卒子。法国的卒子是普鲁士所属的波兰；普鲁士于最后两次瓜分波兰行动中所获得的土地变成了"华沙公国"，被拨交给萨克森王国管辖——也就是划归到"莱茵邦联"。俄国的卒子则是被缩减至1772年版图的普鲁士，以之作为安全的前沿地带。归功于沙皇的缘故，普鲁士没有被并入"莱茵邦联"，维持了名义上的独立。但普鲁士仍为法国占领区，就此而言沙皇是吃亏的一方，毕竟那吻合实际的权力态势。普鲁士则无论喜欢与否，都必须迁就两大强权的要求。其国家命脉再度于千钧一发之际获得拯救，不过它已经处于断手断脚的状态。

改革与反改革

这个断手断脚并且蒙受羞辱的普鲁士，如今接二连三地推出在大灾难之前只能停留于计划阶段的各大改革方案：解放农民、城市自治、向中产阶级开放军官团、贵族和资产阶级享有同等的土地产权、犹太人获得完整公民权利、就业自由、法国式的新型军队体制、废除军中体罚——简言之，就是把法国大革命的社会方案照单全收。但只是在社会方面罢了，政治方面则否，既没有主权在民原则，也没有议会，当然更没有共和国。普鲁士国王无意退位。他的国家仅仅应该得到强化，被安置在更宽阔的基础上，而为了达到这个目的，战败者套用了战胜者借以获胜的体制。哈登贝格称之为："君主政体中的民主原则"。

"由上而下的革命"从前还只是说说而已，现在它终于付诸实现。普鲁士好不容易才保住一命，并且被削减了一半以上的面积，却有办法找到力量来推动内部革新。那是一项巨大的成就，并且证明这个国家仍旧生机盎然。普鲁士以一种截然不同于"七年战争"时期，但或许更加令人信服的方式，证明出自己在逆境中的坚强。上一次它曾经咬紧牙根撑过难关；这一回我们则几乎可以表示：它从死亡中站了起来。

但只是几乎而已。尽管1807年至1812年之间，透过改革所呈现出来的求生意志和维新力量十分令人肃然起敬，我们还是不得不客观地确定，许多相关改革措施仍然继续停留在纸上。

除此之外不可忽略的是：这些改革——特别是其中的解放农民——非但没有把国家团结起来，反倒造成了分裂。普鲁士不仅是一个王国，并且一如既往还是个容克贵族的国家，而斯坦因的解放农民法令不啻向容克贵族宣战；斯坦因的做法则无异于腓特烈·威廉一世昔日所言："我摧毁容克的权威"。容克贵族可不会如此轻易地让自己的权威遭到摧毁，从前不会，现在也不会。

对改革的不满导致贵族形成强大的反对势力。其代言人弗里德里希·路德维希·冯·德尔·马尔维茨，一位非常卓越的人物，曾经写着："斯坦因在祖国展开革命，发动了一场无恒产者对抗有恒产者、工业对抗农业、变动对抗稳定的战争。"等到斯坦因那个"来自拿骚的外地人"在1808年遭到解职之后，另外一位老普鲁士人约克将军（亦即五年之后为"解放战争"发出信号的同一人），也这么写道："一个莫名其妙的脑袋已经被踩烂；另外一个毒蛇般的害人精将会在自己的毒液里面融解。"当时普鲁士改革派与反改革派彼此之间的恨意就是如此巨大。过了两年，哈登贝格将马尔维茨打成叛逆犯并且把他囚禁于要塞内。可是在1813年的时候，就连马尔维茨也率领着由"他的"农民所组成的民防军骑兵部队赶赴沙场，而且那些人员是由他本人出资购买装备，以及亲自训练和调教出来的。普鲁士那些与改革为敌的人们照样也是爱国者。

更何况改革者的内部也四分五裂——他们分裂得相当微妙，起初显得只像是一种难以捉摸的差异，一条宛如发丝般细小的裂缝，后来却逐步扩大成为鸿沟。其中一些人纯粹只是普鲁士爱国者；另外一些人则从此时开始（起先往往是在不知不觉中），变成了民族主义者，而且是德意志民族主义者；因为其实根本就没有什么"普鲁士民族"。理解这种差异的最佳方式，莫过于针对两大改革派的部长——斯坦因和哈登贝格——进行更仔细的观察。

二者都自愿选择成为普鲁士人，都出身自德境的西部：斯坦因是黑森人，哈登贝格则是汉诺威人。不过哈登贝格终其一生都在普鲁士担任公职，斯坦因却始终只扮演着过客的角色。"我只有一个祖国，它叫做德国"，斯坦因遭到免职之后如此写道，而且他在同一封信函中更加激烈地表示："如果奥地利能够出面领导一个统一的德国，那么我会很乐意把普鲁士拱手让人。"哈登贝格绝不至于写出那样的字句；对他来说，普鲁士无论在任何时刻都不可以被拱手让人。这也导致二人的外交政策出现不同：斯坦因随时都准备为了他自己对法国人的仇恨，于是置普鲁士的安危于不顾。假使按照他的意思来做的话，那么普鲁士早在 1808 年和 1809 年的时候，就已经从完全绝望的境地中再度展开反击行动，并试图如同西班牙和提洛尔[7]所做的那般，在整个德意志地区燃起一场全民参与的战争。哈登贝格坚决反对出此下策，因为此举势将危及普鲁士的命脉！即便他自己在 1813 年也表现了相当大胆的作风，但他先是静观其变，直到成功的机会不再渺茫为止。在此之前，他宁可采取息事宁人的政策。

哈登贝格毫无疑问是二人当中比较优秀的政治人物。斯坦因则性格介于马丁·路德和米夏埃尔·科尔哈斯[8]之间，总是恨不得一头把墙撞穿，其整个政治生涯最后是以失败收场。他在 1808 年第二度遭到解职后（之前他曾经在 1806 年愤而离职），便再也没有担任过普鲁士的部长。（后来他为了对抗拿破仑而替俄国服务，但也未有太多表现，结果 1815 年以后定居在位于拿骚的祖产，以一介愤世嫉俗的平民身份度过余生。）哈登贝格就比较聪明和圆滑多了，此外他私底下也不具备斯坦因那种清教徒式的作风，而是像梅特涅和塔里兰那样的见多识广者、翩翩君子和生活艺术家。1810 年哈登

---

[7] 提洛尔（Tirol）位于奥地利西部，其中的"南提洛尔"（Sudtirol）在"一战"以后被割让给意大利。

[8] 米夏埃尔·科尔哈斯（Michael Kohlhaas）是海因利希·冯·克莱斯特 1810 年一部同名小说的主角。科尔哈斯乃十六世纪勃兰登堡的马匹商人，曾在萨克森蒙受不白之冤，于是纠众向萨克森宣战，透过烧杀来实现正义，最后在柏林被捕并遭到处决。其故事主轴是："为了实现正义，不惜毁灭世界"（Fiat iustitia, et pereat mundus）。

贝格出任"国务总理"之后，获得了前无古人，后来唯独俾斯麦享有过的那种地位，直到他1822年去世为止。在1813年那个关键性的危机时刻，真正推动普鲁士政策的人其实是哈登贝格而非国王。

现在重新回到由斯坦因和哈登贝格所具体展示出来的改革派内部罅隙。当时在普鲁士现身的早期德意志民族主义者，有许多是德国文化史上的知名人物：海因利希·冯·克莱斯特以及恩斯特·莫里兹·阿恩特之类的诗人、哲学家费希特（《告德意志国民书》）、神学家施莱尔马赫、军事家格奈森瑙将军；就连其中一个作风相当诡谲的人物，"体操之父"雅恩，也称得上是留名后世。他们所代表的事物，将在19世纪后期演变成一股巨大的政治力量；他们自己身为德意志民族运动的先驱，则将成为日后德意志民族主义历史撰述中的英雄。但我们不可因此而忽略了一个事实：他们在自己的那个时代只是独来独往而已，顶多只能在学术青年那边找到簇拥者，而且他们对普鲁士的实际政策并无任何真正的影响力。后人往往喜欢把1813年开战的决定归功于他们本人和他们的理念，但此种做法实为歪曲历史。那场战争最初的真正推动力，来自一位立场跟他们完全南辕北辙的人物——老普鲁士强硬派和敌视改革的约克将军。战争本身的性质则绝非一场国民革命战争，反而完全是一场由国家主导的正规战,我们甚至仍可理直气壮地称之为:一场内阁战争。[9]提奥多·克尔纳[10]从相反角度所写下的诗篇——"那一场战争,王室并无所悉";"百姓奋身,风起云涌"——或许"具有良好的诗歌效果"(这是国王有一次对格奈森瑙的"人民战争"构想所下的评语),却不符合历史事实。

同样不合乎历史真相的讲法还有,普鲁士在1807年至1813年之间不断地"热切期盼解放战争",而改革之目的——或者至少其效果——就是要为一场"解放战争"争取民心。其实改革的初衷主要是为了在战败之后,透过调整适应来亡羊补牢。至于导致全民逐渐重新愿意打仗的原因,则完全是另外一回事:那来自法国的占领以及拿破仑向这个战败国索取的巨额战争赔偿,所造成日益恶化的物质困境。普鲁士对拿破仑来说仍旧是一个被打败的敌国,之前曾经以不可饶恕的方式毁弃成为盟友的机会;它因而遭到蓄意虐待,称得上是拿破仑在欧洲的出气筒。决定了法国占领时期普鲁士日常生活的因素,主要并非改革本身和改革所引起的争

---

9 "三十年战争"结束后的军事革命,使得欧洲各国之间的战争改以迂回战及运动战为主(类似棋局),变成了"国王的游戏"。各国皆军民分治,军队纯由职业军人组成,百姓则不受战争干扰。战败一方的主帅就"光荣投降",然后某些省份在国与国之间来回转手。这种形式的战争被称作"内阁战争"(Kabinettskrieg),一直延续至法国大革命爆发之际。此后的战争形式被克劳塞维茨称作"人民战争"(Volkskrieg),即全民战争。

10 提奥多·克尔纳(Theodor Körner, 1791—1813)是剧作家、诗人,以及十九世纪德意志民族运动的标杆人物。他在1813年反抗拿破仑的"解放战争"爆发后自愿参军,并写出许多首战歌来鼓舞士气,同年八月底不幸阵亡。

执,而是赤裸裸的经济危机。

为了筹措拿破仑无情需索的一亿两千万法郎战争赔款(那在当时是一个天文数字),必须出售国有领地、借高利贷、提高税收;普鲁士百姓在一段期间内,甚至还必须缴纳当时闻所未闻的累进所得税(10%至30%)。与此同时,拿破仑的"大陆封锁令"瘫痪了经济与海运(他企图借由禁止所有海外贸易来打击英国),带来大规模的破产和失业。这自然造成愤恨不平,而且比改革工作做出了更多的贡献,导致在1813年的时候,即使是普鲁士的寻常百姓也愿意一战,而且比1806年时更加民心激昂。1813年的战争受到了欢迎,1806年的战争则否;但即便如此,它仍远远称不上是一场全民战争。更何况直到最后一刻为止,那场战争都还是难以逆料的事情——1812年的时候有谁能够晓得,当初在提尔西特瓜分了欧洲的两巨头竟然会再度兵戎相见。而直到1812年与1813年之交的冬天为止,又有谁能够想象得到,那场战争将为拿破仑带来一场军事上的灾难?直到此刻之前,普鲁士都必须想方设法来迁就拿破仑的欧洲。它咬紧牙关那么做了,不自怨自艾,相当意志坚定地忍气吞声,而且如同在改革工作当中所显示出来的,甚至乐意在某种程度内做出顺应。

很难用一个简单的字眼来形容,改革时期的普鲁士在法国占领下究竟处于何种氛围。那一方面是苦恼、郁闷、陷入悲惨的境地、爱国的愤怒之情;另一方面却是"我们又逃过一劫"的如释重负感觉、革新所带来的喜悦,甚至带来的希望——不过未必只是希望出现一场解放战争。"普鲁士必须借由精神力量,来弥补自己在物质上的损失",这是教育部长威廉·冯·洪堡1810年创办柏林大学时所做出的宣示。那听起来一点也没有战争味。就许多方面而言,1806年以后的柏林仍旧是《巴塞尔和约》生效期间的同一个柏林。同样的文艺与政治沙龙一如往常那般继续蓬勃发展,同样的浪漫派诗人继续赋诗写作。就连对法国人的观感也有异于日后爱国主义传说中的渲染,并未全面出现同仇敌忾的态度。提奥多·冯塔纳[11]出生的年代虽然较晚,可是当他漫步穿越勃兰登堡边区的时候,仍旧有许多机会就近对健在的时代见证者进行访谈,于是得以在《风暴之前》那本小说里面,细致入微地呈现出1812年与1813年之交的时代景象。

例如书中有一段描述是,即便迟至1813年1月的时候,一名作战负伤、刚出征俄国回来的"莱茵邦联"军官,仍可在一场柏林市文学发表会上,朗读自己针对"博罗季诺战役"的报导而博得满堂彩,而法国的军队指挥官们在报导中扮演了英雄的角色。书中继续写道(那已是1813年初):"当时在普鲁士,尤其在该国首都的情况是那么稀奇古怪,以致可以毫无顾忌地表达出此种偏爱,而丝毫不必担心会招

---

[11] 提奥多·冯塔纳(Theodor Fontane,1819—1898)是法国裔普鲁士人,以及十九世纪最重要的德国作家之一。他成长于勃兰登堡边区,有一本名著叫做《勃兰登堡边区漫步纪行》(*Wanderungen durch die Mark Brandenburg*)。

致反感。没有人知道自己在政治上,更几乎不晓得在自己的心中,究竟应该采取何种立场。因为正当三百名我方最优秀的军官拒绝为'世仇夙敌'打仗,于是在战争爆发前夕投效俄国之际,他们的兄弟和亲友却以同等或者加倍的人数,在我方必须向'世仇夙敌'提供的辅助部队里面与他们对阵。我们主要是把自己看待成旁观者,已经认清了俄国战胜之后必定可为我们带来的一切益处,因此希望俄军获胜。不过我们对库图索夫和沃龙佐夫的认同感还没有强烈到那种地步,以至于会对法国的战争优势做出负面描述——更何况我们无论心甘情愿与否,自己也是法国战争优势当中的一个突出部分。"

拿破仑确实曾于对俄战争爆发之前,在1812年初第二度逼迫普鲁士缔结盟约——从普鲁士的角度来看是"逼迫",因为它宁可作壁上观;在拿破仑的眼中,则毋宁是赏给普鲁士一次机会来弥补1806年毁弃盟约的前愆,可谓在普鲁士"服刑完毕"之后,特别恩准它成为次要伙伴。1812年法俄战争期间一个纯粹幸运的巧合,使得约克将军所率领一个军的部队仅仅由于被指派在波罗的海地区掩护侧翼,于是躲过了拿破仑"大军"从莫斯科撤退后所遭逢的大灾难。这场大灾难发生以后,约克将军未经国王和政府批准,便于1812年12月30日在"陶罗根"与俄国的迪比奇将军达成协议,脱离了法国人的战争。但他还没有因此而加入俄军的行列。过了不久,如今已在俄国担任专员的斯坦因前来拜会约克,要求他公然更换结盟的对象。结果那两个铁头宛如两只耸起背毛的公猫一般，相互厉声斥责。约克断然拒绝让麾下一个军的部队——连同当时受其保护的东普鲁士——放弃军事中立，因为只有国王能够决定战争与和平。斯坦因表示：自己将不惜动用俄国的武力。约克回答：那么他不惜让全军披挂上阵，然后斯坦因将会晓得他跟他的俄国人应该何以自处！这个场景后来从未出现在普鲁士的学校历史教科书里面。

有关战争与和平的最后决定，果真不是在东普鲁士做出来的。国王亲自做出了决定，但是决定得十分犹豫和勉强。腓特烈·威廉三世原本就不具备冒险性格，现在更早已是惊弓之鸟。1807年的经验始终令他耿耿于怀。当时他也跟沙皇结盟过，可是才一签订盟约，沙皇就觉得没必要了，于是在提尔西特把它弃如敝屣。这种事情绝对不可以第二次发生在腓特烈·威廉的身上！更何况他对俄国的军事优势不完全有把握。仿佛当初保持中立时的想法一般，现在他又紧紧抓住同一个原则：在跟俄国和奥地利建立起牢固的同盟以前，绝不采取任何对抗拿破仑的行动。毕竟奥地利就像普鲁士那样，在名义上仍旧与拿破仑维持结盟关系。因此在1813年2月底，当克内瑟贝克将军奉派前往俄军位于"卡利什"的总部进行谈判时，他最初接获的指令仅仅是斡旋停火。

最后却签订了同盟条约。或许克内瑟贝克将军另有替代指令，可在俄方拒绝接受斡旋的紧急情况下，径行签订盟约——但无法完全断定的是，国王是否曾经明确地批准了该项替代指令。反正那原本并非国王的主意,实乃出自哈登贝格的策划。哈登贝格此时做出的估算是,既然普鲁士无论如何都会成为交战地区,与俄国结盟的胜算较大,而且风险小于继续跟法国维持同盟关系。自从拿破仑的"大军"遭到毁灭以来,俄国在他眼中显然变成了较强的一方。

国王对此表示怀疑。他坚持认为拿破仑的实力仍然比俄国和普鲁士来得强大,至少要俄国、普鲁士、奥地利三国连手才有办法跟拿破仑一较高下。结果国王判断正确。1813年上半年的战事进展得很不顺利,普鲁士与俄国的联军打输了两场战役,等到在6月签订停战协议的时候,两国的同盟再度濒临土崩瓦解。沙皇的顾问们历经了"吕岑"和"包岑"两次会战的败绩之后,认为应当以之前成功进行过的自我保卫战为满足,不妨让《提尔西特和约》重新生效,然后撤军回到俄国境内。假若此议成真的话,那么普鲁士必将陷入万劫不复的境地。拿破仑对它第二次的变节行为肯定不会善罢干休。普鲁士在1813年夏季已徘徊于生死之间。可是蓦然又出现了一道希望的曙光。

那道希望的曙光,来自于奥地利借着停战机会所进行的武装调停。然而法国与奥地利相继在德累斯顿举行的谈判,以及在布拉格召开的和平会议,一度让普鲁士重新处于危急存亡之秋。因为拿破仑曾在会议中向奥地利的谈判代表梅特涅提议,以普鲁士为代价来换取全面和平:西里西亚交还给奥地利、西普鲁士交给重建后的波兰、东普鲁士交给俄国,勃兰登堡则联同首都柏林市一起交给萨克森。大家都可以带着自己的战利品走出战争，只有普鲁士将会一点也不留。拿破仑这么做的用意不难理解：现在他打算抹除已经变节了两次的普鲁士，而重新获得西里西亚一事，对奥地利来说想必诱惑力十足。但值得赞扬的是，梅特涅没有咬下诱饵。梅特涅不光是从奥地利的角度来进行思考；他所想的事情，更是要重建欧洲的权力均势。按照他的看法，普鲁士乃其中的要素之一，而且法国必须退回到莱茵河后侧。但由于拿破仑不愿意那么做，导致谈判破裂。奥地利随即加入战局与俄国和普鲁士一致行动，于是决定了战争的结果。在为期四天，从10月16日持续至10月19日的莱比锡"民族大会战"中，拿破仑的军事指挥艺术输给了联军所享有的优势。普鲁士国王的观点正确无误：俄国与普鲁士力有未逮之处，可以由奥地利过来加以补足。拿破仑的势力从此遭到打破。莱比锡会战结束后，大局已经底定。1814年的法国战役，尤其是1815年拿破仑百日复辟期间短暂的比利时战役，都只不过是荡漾的余波而已。

普鲁士的西移

在此仅仅十分简短地叙述了"解放战争"(Befreiungskriege);即便那个题材本身就很适合写成一本书,而且相关撰述早已汗牛充栋,我们这么做的理由却非常充分。我们所谈论的对象是普鲁士,而"解放战争"的性质有异于腓特烈大帝及其继任者的战争,已经不是普鲁士的战争。它是一场战争的最后一幕,而那场为时长达二十多年的战争是欧洲对抗法国大革命,以及拿破仑对抗欧洲之战——普鲁士在其中只不过扮演了次要的角色。对抗法国的真正急先锋是奥地利、俄国,尤其是英国。他们都远比普鲁士作战得更加长久、更加频繁、更加果断。普鲁士在大多数的时候都保持中立,甚至还两度与法国短暂结盟;它在1806年至1807年那段奇特的插曲演变成一场灾难,而它要等到最后一幕才登台扮演了有用的角色——但仍非主要的角色。它固然曾经冒着亡国的危险,并且战斗得非常英勇,多少挽回了在1806年受到重创的军事声誉;可是对那些主要的战胜国而言,它只不过是新来后到者和搭便车获胜者,一直要拖到最后一刻才为共同的事业贡献绵薄之力。在1814年至1815年为重建欧洲秩序而召开的"维也纳会议"上（会议中划定的新国界将维持半个多世纪），普鲁士很明显地扮演了第二流的角色：它虽然看似与俄、奥、英、法等四大强权平起平坐，得到同样尊重，但其实只是遭受强权政策处置的对象，而非共同处置者。它被允许跟着一起发言，而且各方都同意它重新享有1806年蒙难之前的那种地位。可是它应该如何表现，以及在何处做出表现，那必须由其他的国家来决定。

普鲁士与俄国在1807年签订的短命盟约至少还明白规定出来，要恢复普鲁士"1805年时的领土范围"；1813年的盟约则仅仅强调"与1806年时类似的范围和同样强大的国力"。俄国从此不再愿意把波兰的核心地带让给普鲁士；它自己想要拥有波兰。只有西普鲁士和波森获准继续留在普鲁士，以便普鲁士拥有连成一气的国土，以及勉强还过得去的东部边界。普鲁士要求获得萨克森王国来补偿在波兰的领土损失——萨克森是腓特烈大帝一向梦寐以求的目标，而俄国对此并无异议。可是奥地利还没有忘记"七年战争"，因为那场战争开始于腓特烈图谋并吞萨克森。奥地利坚决反对把萨克森交给普鲁士，而这个问题一度使得同盟关系濒临破裂，"维也纳会议"已有失败之虞。然后普鲁士做出了让步。[12] 它感觉

---

12 萨克森原本是神圣罗马帝国的选侯国，1806年底投靠拿破仑而被提升为王国（Konigreich Sachsen, 1806—1918）。1813年莱比锡会战后，萨克森国王遭到普鲁士拘禁，萨克森被普鲁士和俄国占领，萨克森王国则成为维也纳会议中受处置的对象。俄国同意普鲁士吞并萨克森来补偿在波兰的损失；奥、英、法三国则坚决反对。最后采取的妥协做法是：萨克森将57%的领土割让给普鲁士，并且重新成为王国。

自己尚未强大到足以贯彻针对萨克森的要求，更何况它还缺乏坚持到底的意志。为了巩固自己的生存，就必须与俄国和奥地利紧密组成三国同盟的定见，早已在1813年成为普鲁士的国家座右铭，并且于随后一个世代的时间内继续如此。其他一切的利益关注都必须位居其下。

结果普鲁士失去了波兰的土地之后，在自己从未期待过的地区获得补偿，而且那个地区其实并不怎么合乎它的心意：莱茵兰。当地有待防御的边界始终被看成是安全堪虑；"莱茵河畔的守卫者"并不是一个值得羡慕的任务。如今融入普鲁士的那些百姓，不普鲁士化的程度已经到了无以复加的地步——中产阶级、城市居民、天主教徒，长期以来习惯于接受教会治理，新近又适应了法国的统治。英国历史学家泰勒认为，用莱茵兰来补偿损失的做法是一场恶作剧，被列强使用于耍弄倒霉的普鲁士。至于德国最大的煤矿区就在该地，而且那里有朝一日将成为德国最大的工业区，当时是没有任何人能够料想得到的事情。

等到普鲁士离开"维也纳会议"的时候，其领土的外观已经改变得奇形怪状，由分别位于东方和西方的两大片土地共组而成：它们在地图上的模样，就仿佛米开朗基罗于梵蒂冈"西斯廷小堂"那幅著名的天顶画当中绘出的天父和亚当那般，相互伸出了食指却不接触在一起。这种遭到撕裂的奇特国土形状，非常贴切地象征出普鲁士不完全成功的重建工作、仍然黏附在它身上的半场败仗，以及它走出拿破仑大劫难之际——尽管曾经有过1813年和1815年时的表现——所获得犹如双刃剑般的结果。如今它在上帝帮助下，再度成为一个地位还算重要、安全多少得到保障的国家。但它已不再是老普鲁士，不再是昔日那个大胆自主、乐于冒险、特立独行的小强权。它变得具有依赖性，被纳入一个欧洲均势体系，并且仰仗于其他更强大的国家——普鲁士不但不敢脱离他们，反而还任由他们规定出它自己的疆域，而划界出来的结果是普鲁士所不曾争取过的。那匹野马受到了驯服，现在已被羁绊。

第五章

三只黑色的老鹰

维也纳会议结束后，战胜国展开了复辟与反动时期。俄国沙皇、奥地利皇帝和普鲁士国王缔结了"神圣同盟"，借此来反对侵略和革命，构成欧洲和平体系的权力基础。

1848年革命摧毁了维也纳会议所建立的体系，并且终结了欧洲的复辟时期。普鲁士在革命末期成为德意志各邦国诸侯的避难所，于是普鲁士国王在1849年夏季创立"德意志联盟"，一个由二十八位统治诸侯组成的邦联。

奥地利终结国内的革命后，决定不顾一切地清理门户和恢复"德意志邦联"，并与俄国连手逼迫普鲁士解散"德意志联盟"，意图使得一切返回1848年之前的态势。

但革命后的欧洲已不再是一个充满和平色彩的国家共同体，各国都重新各自为政。克里米亚战争更使得奥地利与俄国反目成仇，"三只黑鹰"的同盟随之成为过去。普奥两国从此都必须设法在德国进行"道德上的征服"。

1815年以后的数十年间，呈现在世人面前的是个不一样的普鲁士。十八世纪的普鲁士既进步又好战，而且思想自由，是一个"启蒙运动时期的国度"。拿破仑时代至俾斯麦时代之间的普鲁士则反动、和平、强调基督教义，是一个"浪漫主义时代的国度"。

不过话要说回来，此刻刚展开的整个年代正好洋溢着浪漫和反动的风格。就此意义而言，普鲁士再度忠于自我，一如既往地与时代精神齐头并进。它同时也延续了老普鲁士的作风，不光是与时代精神齐头并进而已，简直还像是列队行军——宛如一个连的部队那般在操练场上齐步行进，但刚起步的动作是整齐划一的"向后转走"。

世纪更迭之际的普鲁士已经准备由上而下仿效法国大革命，等到普鲁士战败之后，更于1806年至1813年之间在许多方面认真地推行了相关措施。但正如我们已经看见的，改革工作即使在当时也遭遇到激烈的内部反抗。击败拿破仑之后所获得的胜利，同时也意味着那股反对势力的胜利。

我们必须晓得，在欧洲出现重大危机的年代，国内政策与外交政策很难切割清楚。直到1813年为止，普鲁士都设法在这场危机中保持中立，而且无论到底是否心甘情愿，它甚至曾经两度与法国短暂结盟。此外它更顺应形势，以自己的方法来吸收汲取现代化的法国理念,并将之转换为改革政策。如今它在关键性的最后一刻,却还是加入旧势力的反法同盟,并且跟着一起获胜。这个胜利使得改革派顿失所依。只要法国还继续打胜仗,其理念就会显得锐不可当;可是等到旧势力获胜之后(而普鲁士如今亦为其中的一员),旧观念又重新大行其道。看来还是旧的想法比较牢靠。甚至连法国也忙不迭地把波旁王朝迎接回来。普鲁士本身固然无需让霍恩佐伦家族复位,可是它已经不想跟改革有任何瓜葛了。

但相当令人吃惊的是,大多数的改革措施并未立刻遭到废除。只有一开始就进展得不怎么顺利的农民解放,在1816年大部分被取消。关于城市自治和就业自由的规定照样生效;而且——至少是在纸面上——资产阶级与贵族的法律地位依旧平等,犹太人可以继续享有同等的公民权利。普遍征兵制这种新推出的军事措施,则甚至迟至1814年才正式开始施行,毕竟在被占领的年代只能偷偷摸摸地那么做。随后几年内还对国家疆域和政府机关进行大规模的重组、成立国家教会以及国务委员会。从1815年开始,国王的脑筋更不断绕着一个"民意代表机构"打转,热热闹闹喧腾好几年以后,才终于在1819年打消这个念头。并且自1818年起停止征收国内关税,还先后设置了"省三级会议"和省议会。

不一样的普鲁士

汉斯—约阿希姆·舍普斯这位历史学家,是复辟时代"另一个普鲁士"的辩护者,曾立论强调普鲁士在当时创造出来的"前立宪"状态。我们大可接受他的这个称呼:与十八世纪的君主专制相形之下,1815年之后分层负责、严格按照职权范围来设置机构的普鲁士官僚国家,显得几乎像是一个宪政国家。然而正如同一位莱茵地区的自由主义者在1818年所言,那许许多多替君权效劳的国家机构,"无法让统治者看见国民的影子。没有任何东西大得足以和统治者分庭抗礼"。

但不管怎么样,普鲁士的国家组织自从在1814年至1819年之间——亦即在巩固整顿和"逆向改革"的那些年头——定形下来以后,继续维持了一百年的时间,而且其条理分明、井然有序和一目了然的风格令人印象深刻。做出最后决定的核心人物固然还是国王,但他的旁边如今多出一个责任内阁,以及一个性质类似"上议院"的国务委员会,由王室成员、各部部长、各省省长、各军区指挥官,以及国王委任的三十四名成员共同在其中参与立法。除此之外,十个

（稍后合并为八个）省份[1]在省长的领导下，划分为一些行政专区，而每个行政专区又划分为若干县级单位；每个省份还成立由三个"等级"——贵族、市民、农民——所组成的省议会。与之平行设置，但独立运作的司法机构，同样划分为三级：地方法院、区域法院、省高级法院。独立运作的军方单位也被平行设置：每个省份由一位军区司令指挥"军管区"，在每个行政专区设有"师管区"，而每个县份则有一个"团管区"。除此之外，地方教会亦依此原则平行设置，于是有地位类似省长的"省级主教"，以及相当于行政专区主席的"教区牧师"。

对此必须做出较详细的说明，因为它是普鲁士历史上全新出现的事物。十八世纪的古典普鲁士是个非常世俗化的国家，一个在启蒙运动时代以"无所谓"态度来宽容所有宗教信仰的国家。复辟时代的普鲁士却打算成为基督徒的国家，应"官方"要求而变得虔诚，甚至还设置了一个形同国家教会的机构——"普鲁士联盟"——国王则以最高主教的身份，迫使加尔文教派和路德教派加入一个共同的教会组织。由于二者的信条差异颇大，必须组成"教仪联盟"，结果那个共同的教会组织里面包含了共同的教会当局、共同的神职

---

[1] 普鲁士王国在十九世纪的八个省份为：勃兰登堡、波美拉尼亚、西里西亚、波森、普鲁士、萨克森、西发利亚，以及莱茵省（1866年以后又增加了：石勒苏益格—荷尔斯泰因、汉诺威、黑森—拿骚）。

人员、共同的宗教监督机构,以及共同的宗教仪式程序。关于最后一点,所谓的"礼拜仪式",曾经出现过没完没了的纠纷,以致国王必须多次亲自出面调停。在新近加入普鲁士的莱茵兰,也首度出现了与天主教会的严重冲突,而那特别是因为当地抗拒异教通婚的缘故。国王本身支持异教通婚。他巴不得能够组成一个"普世合一教会",一个全体基督徒的教会——不同的教派在其中可谓仅仅是"信仰上的省份"。他也想要宽容,但已不再像腓特烈那般出自对宗教的无所谓,而是基于兄弟之间源自泛基督教信仰热忱的相互容忍。

这种由国家新规定出来的宗教虔诚当中固然隐藏了许多政治因素(基督教义成为国家的意识形态),但也蕴涵着浓厚的浪漫主义色彩。德意志浪漫主义不仅是一个文学流派,同时亦为一种政治意识形态,而柏林早在世纪之交即已成为其大本营一事,并非出自偶然:它是反启蒙运动的意识形态,回头诉诸心灵的力量来抗拒理性的要求。法国大革命曾经把古罗马拿来做为自己的榜样——起先是罗马共和国,然后是罗马帝国。复辟的势力意图消除法国大革命,于是设法透过浪漫主义来唤回中世纪,重建基督徒的国王、骑士制度,以及诸如效忠和扈从之类的封建社会"情感价值"。那三个盟邦当中又以普鲁士进行得最为起劲,它自己没有过中世纪的传统,如今可谓是设法迎头赶上。海涅在其中却只看见了令人反感的虚伪:

第五章 三只黑色的老鹰

我不相信这个普鲁士,这个高傲自大、故作虔诚的丘八英雄——胖肚子、大嘴巴、手中拿着士官的体罚棍,在用它打人之前还先蘸一下圣水。我不喜欢这种带有哲学意味和基督教义的军人作风,这个由白啤酒、谎言和沙土[2]所组成的光怪陆离混合物。这个普鲁士令我作呕,令我深深作呕;这个硬邦邦、假惺惺,而且又道貌岸然的普鲁士;这个列国当中的伪君子。

我们必须承认,这个很晚才变得虔诚的国家,在新皈依者的热情当中呈现出既脆弱又紧绷的一面。它是一架结构完美的国家机器,经过某种程度的"人工呼吸"之后,心里洋溢着对中世纪基督徒天地的浪漫主义憧憬——于是每当军方举行校阅大典时,都先由军乐队演奏出《我祈求爱的力量》那一首圣歌赞美诗来展开序幕。[3] 这固然有些奇特,可是"虚假"和"伪善"之类的指责未免失之偏颇。普鲁士新出现的虔诚作风固然是一种"刻意的虔诚",却虔诚得非常认真。普鲁士不只是拥有稍嫌人工化、略带强迫性的"普鲁士联盟"这种新的国家教会而已。那里更出现了完全非官方、自动自发、诉诸内心的"虔信派"觉醒运动,使得许多波美拉

---

2 "白啤酒"(Weisbier)乃柏林市特产的一种小麦啤酒(搀入浓缩果汁后饮用,所以实际上可以是任何颜色);"沙土"则来自"德意志民族的神圣罗马帝国之吸墨沙盒"。
3 德国军乐队于检阅仪式上演奏《我祈求爱的力量》(*Ich bete an die Macht der Liebe*)之传统一直延续至今。

尼亚的庄园在十九世纪三四十年代成为供私人忏悔与祈祷的场所。我们不会把展露出这种浪漫主义虔诚情怀的作品称作"虚伪"——诸如波美拉尼亚画家卡斯珀·戴维·弗里德里希的图画,以及西里西亚诗人约瑟夫·冯·艾兴多夫的诗篇(他本人是普鲁士政府高级官员)。令人作呕吗?这种迟来的愿望反而以奇特的方式引人入胜,因为那个人工化的国家基于国家至上原则,希望给予自己一个灵魂。

复辟与反动

普鲁士的做法并非独树一帜。1815年9月，俄国沙皇、奥地利皇帝和普鲁士国王缔结了"神圣同盟"。那是一个内政与外交上的同盟，着眼于反对侵略和革命，并使得他们的三个国家成为"同一基督徒国度的成员"。基督教义也在这里成为政治上的黏着剂，尽管事实上俄国沙皇信奉东正教、奥地利皇帝信奉天主教，而普鲁士国王信奉新教。一种未加阐明、普世合一的泛基督教义，于是成为"神圣同盟"的共通意识形态，其情况正如同普鲁士于腓特烈·威廉三世时代的国家意识形态。这"三只黑鹰"的同盟在宗教上的矫揉造作，早已饱受冷嘲热讽——不仅反对者这么做，甚至当事人也一样，像梅特涅便称之为"响亮的空话"。不过就连梅特涅也十分认真地看待同盟本身，结果它构成了欧洲和平体系的权力基础，而那个体系是由梅特涅自己在"维也纳会议"中创建出来的。普鲁士国王对此更是认真看待。他在1835年的政治遗嘱中告诫自己的继任者："不要疏于运用你最大的力量，来促进欧洲列强的和谐相处。尤其重要的是，普鲁士、俄国与奥地利永远都不应该相互分离；其协同一致可被看成是欧洲大同盟的基石。"

做一对比,腓特烈大帝1776年政治遗嘱的结尾部分是这样的:"只要我国尚未在更大范围内成为一个整体,以及获得更好的疆界,统治者就必须永远保持警戒,提防他们的邻居,并且随时做好准备以便抵挡敌人的恶意打击。"

我们不可能再想象出更加鲜明的对比。1815年时的普鲁士依旧没有连成一气的国家疆域,同样还是缺乏利于防守的边界。腓特烈·威廉三世从中得出的结论,却与其伟大的前辈恰恰相反。腓特烈大帝的结论是,普鲁士必须进行扩张,他并要求自己的国家"一切都必须充满着力量、韧性,以及生命的朝气"。腓特烈·威廉三世的结论则为:普鲁士必须谦卑自持,而且其安全有赖于跟一个"欧洲大同盟"——特别是跟俄国和奥地利——的团结一致与携手合作。

腓特烈大帝非常胆大妄为的政策最后幸运收场,而腓特烈·威廉三世即位的最后二十五年也同样福星高照。在复辟与"神圣同盟"的那些年头,其邻国当中既没有敌人,也没有谁在筹划"恶意的打击"。普鲁士已经得到接受——亦可称之为:已经抵达目的地。普鲁士也接受了自己在"维也纳会议"中被指派的角色,虽然那并非什么特别了不起的角色。但普鲁士如今——首度在其历史上——被普遍公认为欧洲最具影响力的五强之一,即便不难看出它名列第五。在"三只黑鹰"那个范围较狭窄的保守同盟里面,亦即在欧洲新秩序的支撑者和担保者当中,普鲁士虽然享有同等权力和受到同样尊重，可是它在俄国和奥地利两大巨无霸旁边摆明只能排行第三。至于在"维也纳会议"创造出来取代已覆亡帝国的"德意志邦联"，奥地利仿佛理所当然地固定担任主席国，普鲁士则非常谦卑明理地乐意扮演"永远的老二"这种角色。在一代人的时间内（从1815年到1848年），普鲁士置身一个和平体系之内，成为一个爱好和平的国家。它在这个和平体系里面所扮演的角色，相当类似于德意志联邦共和国今日在"欧洲共同体"和"北大西洋公约组织"的地位。

如同今日的欧洲共同体和北约组织，"维也纳会议"所创造出来的欧洲体系是一个国际共同组织。战争应该被排除在那个共同组织之外，而且果真在很长的时间内遭到了排除。它成为一种和平规范。历经二十多年战争时期所带来的可怕动乱与苦难以后，和平曾于整整一个世代之内，名副其实地变成所有欧洲国家的最高福祉，以致他们乐意让自己的个别利益退居幕后。奥地利不再要求西里西亚的所有权、法国愿意放弃莱茵河边界，而普鲁士也不再因为自己东边的旧领土与西边的新领土遭到撕裂，于是觉得有推动"土地调整政策"的必要。除此之外，"维也纳会议"的和平体系有别于今日的欧洲共同体和北约，所涵盖范围是整个欧洲。1813年和1815年的战胜国十分通情达理，让战败的法国加入由他们所创建的欧洲体系，被安排成为地位平等、受到同样尊重的伙伴。他们在和平时期延续自己于战时的齐心协力，甚至还透过意识形态来加以巩固，于是那个和平体系不像今日和平体系这般制造出欧洲分裂，反而带来了团结。这一切加总起来，便形成一个意义重大，此后再也难以企及的政治成就。我们因而不妨也正视其优点并且设法领略其难能可贵之处，而非只是着眼于最后导致其瓦解的那些弱点——更何况它是过了一个世代之后才告瓦解。

它的弱点源自于某种理念上的盲目性。1815年的和约，是许多个国家之间的和平规范。"维也纳会议"所极力争取并且加以实现的目标，就是要尽可能建立一种完美的权力均势，而它应该——如同威廉·冯·洪堡用于称赞"德意志邦联"的讲法——"透过内在固有的重力"自动保持平衡。当初划定各国边界以及平衡强权势力范围的那种方式，使得任何企图透过战争来改变现状的做法都会得不偿失，难获成功。结果1815年的和平规范确也从未受到国际冲突威胁，最后导致它在1848年倾覆的原因并非战争，而是一场革命。

不过那场革命打从一开始就构成了威胁，而当腓特烈·威廉三世国王谈论起一个"欧洲大同盟"的时候（其"基石"就是俄国、奥地利和普鲁士这"三只黑鹰"的盟约），便以这个起初会令人纳闷的用语直捣问题核心。1815年建立起来的欧洲国际体系果真是一个同盟——但它有异于传统的方式，并非由一个国家集团对抗另外一个国家集团，而是由一切自认为受到革命威胁的国家，为了对抗革命才共同组成的同盟。它所抗拒的对象，是起先遭到法国大革命唤醒，之后又随着反抗拿破仑的战争而被释放出来的各种民族主义、民主主义和自由主义势力。各民族开始意识到自己的国家认同,并且要求建立民主的民族国家;新兴的中产阶级则希望获得自由的宪法。"维也纳会议"对这些势力和愿望不予理会,而且必须不予理会,否则便无法建立完美的权力均势,以及促进各国之间的团结来巩固国际和平。换取这种国际和平的方式,讲得夸张一点就是:在各国与各民族之间持续进行一场静悄悄的战争。

但那并非对抗所有的民族,也不是对抗全体的百姓。百姓们同样对战争深感厌烦,并且起初也晓得珍惜重新建立起来的和平。无怪乎1815年至1848年之间的年头被称作"毕德迈尔时代"。[4] 可是云淡风清之间已隐然隆隆作响,而且闷雷在那整个时期响起得日益频繁。刚开始还仅仅是一场学生暴乱,后来则成为传遍各地的资产阶级反抗运动,接着在1848年突然演变成一场全欧洲的革命。民族主义运动固然最后摧毁了"维也纳会议"所建立的欧洲体系,但那个运动并非一蹴而就的事情。最先只有意大利人和波兰人受到鼓舞,随即又加上比利时人、匈牙利人和德国人,接下来更别说是奥地利皇室统治下的各种斯拉夫民族了。无论如何,复辟时

---

4 毕德迈尔时代(Biedermeierzeitalter)泛指德境各邦在那些年头的恬静生活方式,以及中产阶级通入田园风情的文艺形式。"毕德"(bieder)大致意为"无趣"或"天真老实";"迈尔"(Meier)则有"张三李四"之意。

期虽然表面上看似乏善可陈,它的历史却同时也是一个缓慢酝酿过程的历史,一场民族主义和自由主义的革命就在其间不声不响变得日益强大,最后终结了欧洲的复辟时期。

我们必须从这种双重背景来看待那个时期的普鲁士历史。其间引人注目的事情是:虽然普鲁士处心积虑,甚至热情万分地投入"欧洲大同盟"来对抗革命,它却完全身不由己,甚至违背自身意愿地始终一脚踏在对方的阵营。无法完全忘记和难以磨灭的事实是,普鲁士在拿破仑时代至少曾经对法国大革命的理念挤眉弄眼,更何况斯坦因与哈登贝格的许多改革措施,即便到了此刻还未遭到撤销。

尤有甚者:普鲁士现在依然——刚好是现在又一次地——拥有奇形怪状、遭到撕裂的疆域。而同样还没有全然遭到遗忘的是,普鲁士由于领土形状非常不理想,于是在它迄今的整部历史上,都一直留意于土地调整政策和扩张政策。不管它如今再怎么真心诚意地改弦更张,还是没有人会完全信以为真。

此外还有如今正在缓慢成形的德意志民族运动,而它对普鲁士来说不仅是一种危险,同时也是一个大好机会。对奥地利那个多民族国家而言,这种民族主义运动则纯粹是炸药。德意志民族运动却可以对普鲁士产生诱惑:尽管普鲁士仍然拥有波兰少数民族,但已经不再是双民族国家,而是一个主要由德国人组成的国度——唯一几乎纯粹德意志的强权。复辟时代的不少德意志民族主义者,像是施瓦本人菲泽尔以及黑森人加格恩[5]，早在1848年革命之前就已经鼓吹由普鲁士出面领导德国了。但普鲁士官方当时对此仍然不理不睬，公开表达这种意见者如果是普鲁士国民的话（例如阿恩特、雅恩，或者施莱尔马赫），甚至还会受到骚扰和迫害。

毕竟在十九世纪二三十年代"追捕煽动者"的行动中[6]，普鲁士曾经是很不光彩的急先锋。许多受迫害的"煽动者"是自由主义派的德意志民族主义者，对未来的德意志中产阶级民族国家满怀憧憬——他们虽然把希望寄托于普鲁士，却无法因此在普鲁士的官府和法庭为自己带来任何好处。普鲁士意识到其中所暗藏的诱惑，于是以双重的顽强决心，既对所谓的"德国使命"，又对本身的自由主义过去做出抗拒。结果普鲁士于腓特烈·威廉三世在位的最后二十年，为自己赢得了"进行新闻检查的警察国家"这种恶名。但说来奇怪的是，普鲁士也在同一期间内经历了颇为可观的文化蓬勃发展。当海涅和格勒斯由于普鲁士的新闻检查——甚至普鲁士

---

5 菲泽尔（Paul von Pfizer, 1801—1867）是符腾堡王国的政治人物，以及1848年革命期间"法兰克福国民议会"成员。加格恩（Heinrich von Gagern, 1799—1880）则为法兰克福国民议会第一任主席（任期：5月至12月），1849年4月曾随国民议会32人代表团前往柏林，恳求普鲁士国王腓特烈·威廉四世接受德意志皇冠，但遭到拒绝。
6 德意志邦联在1819年9月通过《卡尔斯巴德决议》（Karlsbader Beschlusse），从此监视大学教育、限制言论与出版自由，并且禁止自由主义者和民族主义者就业……——史称"追捕煽动者"（Demagogenverfolgungen）。

的逮捕令——而必须逃亡之际，辛克尔与劳赫正在美化柏林[7]，门德尔松则发现了巴赫的《马太受难曲》。"毕德迈尔时代"的普鲁士学术生活也呈现出双重面貌。柏林大学从未有过较此时更加名声响亮的师资阵容：黑格尔和谢林、萨维尼和兰克，但与此同时，却有数百名大逆不道的学生消失在要塞监狱的围墙后面。柏林市的各个沙龙自从在拿破仑时代首度经历了全盛期以来，如今依旧人文鼎盛。那是普鲁士历史上的一个怪异阶段，可称之为"白银时代"：优雅之中的停滞不前、霉味四溢的恬静风情，可谓一派太平盛世的景象，就连它那著名的军队也躺在胜利桂冠上面呼呼大睡。等到1864年攻占"迪伯尔堡垒"以后[8]，在柏林市"菩提树下大街"发射胜利礼炮庆祝之际，已经没有人晓得究竟应该发射多少响礼炮了。

在这些"平静的年头"发生的事件虽然很少，却出现许多改变。1815年时的普鲁士几乎还纯粹是一个农业国。接下来的三十年内，制造业与工业已获得长远发展，城市里面出

---

[7] 诗人海涅（Heinrich Heine, 1797—1856）流亡法国，最后卒于巴黎。格勒斯（Joseph Gorres, 1776—1848）是莱茵兰的教师和出版家，其《莱茵信使报》（*Rheinischer Merkur*）因鼓吹德国统一而遭查禁，他本人于被逮捕前夕逃往境外，最后卒于慕尼黑。辛克尔（Karl Friedrich Schinkel, 1781—1841）是多才多艺的普鲁士建筑大师。劳赫（Christian Daniel Rauch, 1777—1857）则是十九世纪德国最著名的雕塑大师。

[8] 迪伯尔（Duppel/Dybbol）位于北石勒苏益格，乃1864年德意志邦联对丹麦作战时的主战场所在地。普鲁士军队在4月18日攻下迪伯尔堡垒（Duppeler Schanzen），决定了德丹战争（"普丹战争"）的结局。

现的不只是依靠宫廷和政府过活的中产阶级，同时也形成了无产阶级。十九世纪三十年代的时候，第一批火车开始在普鲁士行驶。关税壁垒也在那些年头遭到撤除，德境大部分地区已加入由普鲁士主导的"德意志关税同盟"，开启了货物自由流通的先河。随着货物的流通，各种理念也相继传播开来——诸如有关公民自由和国家统一等喧腾一时的新理念。说来矛盾的是：1813年以前，普鲁士官方的改革意愿面对依旧完好无缺的农业封建社会结构，几乎陷入瘫痪。1815年之后已经发展出一个喊着要改革的新社会，现在却换成政府再也不想跟改革有所瓜葛，甚至执拗地反对任何创新。"执拗"一词特别适用于日趋老迈的腓特烈·威廉三世国王。他在人生的最后几十年内已成惊弓之鸟，由于各种令人震撼的经历而日益僵化。他一如既往地热爱和平；但随着年事渐高，其"不受打扰的需求"已增添了既严峻又拒人于千里之外、墨守成规和死气沉沉的作风。人们对1840年时的王位更迭引颈期盼已久；新君的即位确也带来了改变，但出现改变的地方其实不在于政治本身，而是政治的氛围。时序已从阴郁的冬日进入了"三月前"时期。[9]

---

[9] "三月前"（Vormarz）即德境在1848年3月革命之前所处的时期。关于其开端有两种讲法，广义的开始时间是1815年"维也纳会议"，狭义的开始时间则为1830年"法国七月革命"。

普鲁士与"德意志联盟"

诗人海涅曾经针对这位新国王，腓特烈·威廉四世，写出了一首友好的讽刺打油诗（如同我们已经看见的，海涅绝非普鲁士之友）：

> 我有些钟情于这位国王；
> 我认为我们俩有一点相像。
> 具备高尚的心灵、多才又多艺。
> 啊我，我会是一个糟糕的君长。

这种性格描述并不离谱。腓特烈·威廉四世果真具备高尚的心灵、多才又多艺，尤其是过人的口才，而且他曾多方面加以运用。他的父亲从未公开发表过演说，即便在进行私人谈话的时候，通常也只是喜欢说出不定式的动词和不完整的句子而已（例如"一切都明白。真烦。"）。做儿子的人却在登基大典上，立刻用宛如布道般的长篇演说让臣民们大吃一惊，紧接着在加冕典礼时又来了一次，而且随后还在任何可资利用的场合继续如此表现。他希望成为一位"亲民"的君主，同时更甚于他那位理智清醒的父亲，在心中充满了既神秘又浪漫的"君权神授"概念，以及对当代立宪政治的深恶痛绝。他曾经不时表示，欧洲各地的宪政土壤都"浇灌了泉涌的鲜血"，"德国完全有赖于奥地利和普鲁士的同盟，才得以将那一只龇牙咧嘴的野兽关在笼子里"。

但如果有人根据这种强硬的言论，于是把他判定成一个冷酷无情的暴君，那可就大错特错。腓特烈·威廉四世生而性格温柔、和蔼可亲，而他最喜欢的战斗方式就是拥抱。他总是希望透过人情味和善意来解除敌手的武装，在那么做的时候甚至往往违反了自己的真实信念，接着又因为不被领情而大失所望和深感愤怒。他一即位就全面大赦遭到定罪的"煽动者"，并且平反受迫害的教授和新闻工作者。这位普鲁士国王甚至还接见过一位激进派的革命诗人，格奥尔格·赫尔韦格，并且当面告诉他："我喜欢充满个性的反对派。"格奥尔格·赫尔韦格却没有因此而被争取过来。

结果正是这种性格杠上了1848年革命，而此冲撞就在1848年至1850年之间，决定了普鲁士于此三年骚乱时期的奇特历史发展。

至少之前整整两年内已可察觉革命正在迎面袭来，而腓特烈·威廉四世很早便尝试按照他自己的方式，透过半让步的措施加以釜底抽薪。1847年初，国王主动召集了一个性质类似国会、由全国各地"省三级会议"所组成的"联合省议会"。可是他在致开幕词的时候，马上就对那个善意姿态大打折扣,因为他表示:世上没有任何力量能够强迫他把议会改造成一个符合宪法规范的常设机构。他的妹夫沙皇尼古拉一世对此评论道:"奇怪的新政体,国王批准了一部宪法,却否认那是宪法。"联合省议会表现得不听使唤,于是在同年秋天又被无情地解散。要求"定期性"召开议会的呼声,从此变成革命口号。国王的友好姿态已经扑了个空。然而当时最具影响力的国王顾问拉多维茨,却又有了一个新的想法:"国王必须在德国和通过德国来赢得普鲁士。"

其实国王一直准备这么做。他早在登基之初就已经向梅特涅提议过,希望"与奥地利的皇权齐心协力来提升和荣耀我们尊贵的德意志祖国,借此在欧洲心脏地带组成一个活力充沛的团结整体"。梅特涅始终以推拖和排斥的态度来对待类似问题,而这回也还是采取同样的处理方式。腓特烈·威廉四世在百般无奈之下,只得听从拉多维茨的建议,不理会奥地利而径自行事:他打算在波茨坦召开一个德意志诸侯会议,以便将"德意志邦联"改造成一个联邦国家,拥有自己的陆军、海军、关税同盟、联邦法院和新闻自由——但不可忘记的是,一切都必须来自上面的恩赐。最后等到法国和意大利已经爆发了革命,维也纳和柏林的局势变得日益紧迫之际,国王甚至承诺了他自己最难接受的东西:一个由各成员国的"三个等级"所组成的联邦议会,亦即在普鲁士也以上帝之名成立一个常设的"联合省议会"。1848年3月18日举行的一场集会公开宣读了国王关于那整套方案的文告。但柏林市就在这个节骨眼爆发街头战斗。[10]

我们必须晓得先前的这段历史,才会有办法理解国王在革命那些日子当中的举措:下令军队撤出革命爆发后的柏林、亲自挂着黑红金三色的臂章骑马穿越柏林市区、发表《致我亲爱的柏林人》那篇文告,以及"普鲁士从此将融解于德国之中"那句名言。这不光是因为他吓破了胆,而且不想看见血的缘故。他的军队向他"亲爱的柏林人"开火一事,固然会令他听得大为震惊,但最重要的还是,那一切对他而言显然出自可怕的误会:他早已主动完全恩赐了——或者几乎完全恩赐了——他的子民们现在打算借由叛乱和暴力强迫他交出的东西!

他现在已经变得不知所措,原本透过国王的慷慨姿态即可完成的事情,如今却已非他所能控制。柏林市在整个夏天都落入"民防队"手中,一个激进的普鲁士议会正在制定一部激进的普鲁士宪法,一个未经各邦君主召集的德意志国民议会已在法兰克福开议,而国王必须吞下屈辱。但与此同时,到了1848年夏天,革命的气数已尽。大体而言,革命总是在若隐若现之际,比真正发生以后来得更加强有力。而一

---

[10] 当天在王宫广场向百姓数千人宣读方案的时候,军队突然逼近并响起枪声,不久便爆发了街头战斗(共187人死亡)。腓特烈·威廉四世国王随即在3月19日发表《致我亲爱的柏林人》文告,呼吁柏林市民恢复秩序,并下令军队撤出柏林。接着他在3月21日挂着代表革命的黑红金三色臂章骑马穿越柏林,并宣示:"普鲁士从此将融解于德国之中"。

切革命行动的运势,在最后关头都取决于是否拥有武装力量。普鲁士军队虽然在三月的那些日子里面,奉国王之命撤出了柏林,但它仍旧紧紧掌握在国王手中;时序入秋以后,他们又奉国王之命重新开回柏林。军队不再遭遇任何抵抗。议会则被迫闭幕并被移置到哈弗尔河畔的勃兰登堡市,然后遭到解散。普鲁士的革命已告结束。国王再度全面掌握大局。

但引人注目的是,接着并没有立刻进入反动与镇压的阶段。腓特烈·威廉继续忠于自己既温柔又顽固的奇特个性;他非但不采取任何报复行动,反而想成为一个宽宏大量的胜利者。现在既然再度有办法放手行事,于是他认为时机已经到来,可以大张旗鼓将自己的三月方案付诸行动:在普鲁士运用国王的全权,主动颁布百姓本来企图强迫他推出的宪法;接着于普鲁士领导下统一德国——那绝非透过人民的力量,而理所当然应该是由各个邦国的君主加以完成。

对腓特烈·威廉和他的谋臣们来说(后者现在完全来自亲政府的保守派贵族与官员阶层),在1848年秋季所面临的问题是:普鲁士必须让自己被德意志资产阶级革命利用呢,还是能够反过来利用革命?它必须成为一个资产阶级议会制的国家呢,还是能够在宪法方面做出一些让步之后,既维护自己的本质,同时又驯服国内的资产阶级?它果真必须"融解于德国之中"吗,或者它能够主宰德国?

普鲁士在1849年的时候,起初都能够针对上述问题采取有利于自己的做法。到了1850年,它曾在几个月的时间内,几乎像二十年后那般称霸德国。可是二十年后成为常态的事情,却在做出这第一次尝试的时候失败了。1849年至1850年时的普鲁士德国政策,已经成功拦阻德意志的革命风潮,加以主导,并且将之转换成普鲁士的优势。它所未能成功实现的事情,则是设法借此完全脱离"三只黑鹰"的同盟。1850年的时候,普鲁士并没有败在德国手中,而是输给了自己的老伙伴、对手与敌人:奥地利和俄国。

国王先是在1848年12月5日发布王室公告,授予普鲁士一部宪法。这一部"强加的"宪法略经修改之后,直到1918年都还继续有效,而且其内容相当符合当代自由主义者的要求。它保障各种基本人权、司法独立、出版与集会的自由,以及透过自由选举产生的下议院——选举的方式起初甚至是全民普选。深受恶评的普鲁士三级选举制,则是下议院过了几年以后自行通过宪法修正案引进的,而且从时人的观点来看并无不寻常之处。即使在英国、法国和其他议会立宪制国家,当时也还理所当然地认为,选举权必须与特定的财产和收入条件——亦即与"人口普查"——结合在一起。至于经由三级选举制产生的普鲁士下议院,那也并非一个听命行事的应声虫国会:在十九世纪六十年代的时候,自由主义者固定在其中构成多数,并曾于著名的"宪政冲突"中(那将是下一章所谈论的对象),导致一位普鲁士国王处于退位边缘。

但那仍然是未来的事情。反正此时普鲁士的革命已经结束，那部"强加的"宪法也重建了国内的和平。普鲁士得以转而面对德国，以及国王在3月18日革命爆发之前几个小时所公布的德意志统一方案。此方案着眼于一个德意志联邦国家，由各邦国的统治诸侯共同协议组成。它绝非一个人民的国家，这对腓特烈·威廉四世而言是个关键性的差异。

如果我们设身处地想象一下他的观点，便可体会他为何必须在1849年4月，拒绝法兰克福国民议会向他奉上的德意志皇冠。假若收下那顶皇冠的话，将意味着他自己站上了德意志革命的顶端——而且是在他刚刚才平息普鲁士的革命之后。那是腓特烈·威廉四世最不可能接受的事情。但是他也想要德国的统一，而且是在普鲁士领导下的统一；只不过那应该是一种反革命的，而非革命的统一。在1848年初的时候，他意图借由一个诸侯同盟来防堵德意志革命；一年以后则是计划借此终结德意志革命，就如同那一部强加的宪法结束了普鲁士的革命一般。

1849年5月法兰克福国民议会遭到解散后，在萨克森、巴登和普法尔茨出现的最后一波革命浪潮，为此提供了大好机会：应那些陷入绝境的统治诸侯之请，普鲁士军队扫平了当地的动乱——在某些地区，尤其是在巴登，进行得非常粗暴，以致巴登的"拉施塔特"直到今天都还没有忘记普鲁士的临时军事法庭。[11] 但不管怎么样,普鲁士的部队如今驻扎在萨克森、黑森和巴登;普鲁士看似有办法以胜利者之姿决定德国的统一方式,而这种机会是革命本身所无法给予的。1849年夏季,普鲁士国王创立了"德意志联盟",一个由二十八位德意志统治诸侯组成的邦联——他们无论自己喜欢与否都不得不加入。对革命的恐惧依然深植于他们每一个人心中,而已经平定本国革命的普鲁士显然是唯一的避难所(至少是最安全的避难所),于是得以开出自己的条件:一个联盟国家、一支联盟军队,以及一部联盟宪法。只有巴伐利亚和符腾堡不曾加入联盟;这两个南德王国觉得本身力量已够强大,而且强烈反对跟风马牛不相及的普鲁士产生紧密的连结关系。但除此之外,1850年的"德意志联盟"已全面展现出后来在1871年成立的德意志帝国。透过自己的老手段——出人不意的突袭、快速的行动切换、闪电般的立场转变,以及必要时总是拔得出来的利剑——普鲁士暂时再度获得了成功。它在德国的领导地位看似已经巩固下来。

甚至连资产阶级自由派人士也共襄盛举。法兰克福国民议会被解散之后,其残余成员前往哥塔继续集会,并给予普鲁士"德意志联盟"民主的祝愿:"应以原欲借由(法兰克

---

11 拉施塔特(Rastatt)是巴登大公国北部莱茵河畔的城镇。1849年5月中旬,巴登几乎全国军队一起叛变(叛军人数曾多达四万五千人),最后普鲁士部队在7月23日攻占"拉施塔特要塞",结束了最后一波德意志革命——叛军领导者有二十七人被军事法庭枪毙处决。

福)帝国宪法加以实现的目标为重[12],而非斤斤计较于所追求目标在表面上的形式。"等到法兰克福圣保罗教堂内举行的国民议会结束一年后,人们又在埃尔福特第二度研拟德国宪法——这一回改由普鲁士出面主导。[13]

接着所有的东西都蓦然土崩瓦解,仿佛什么事情也没有发生过一般:它崩溃得就跟1806年同样彻底。1850年时的"耶拿",叫做奥尔米茨[14],而普鲁士便在类似昔日的情况下,由于外力所占的优势而失败。但这回完全不曾进行一场毫无指望的战争,反倒是未战先降。

---

12 作者曾在《从俾斯麦到希特勒》书中指出,其主要目标是"统一德国,必要时不惜采取小德意志统一方案"。
13 埃尔福特(Erfurt)乃今日德国图林根州(Thuringen)的首府,当时是"德意志联盟"议会——"埃尔福特联盟议会"(Erfurter Unionsparlament)——召开的地点。"埃尔福特联盟议会"曾于其短暂的存在时间内(1850年3月20日至4月29日),设法延续法兰克福国民议会失败的工作,并通过一部"小德意志国宪法"。
14 奥尔米茨(Olmutz)位于摩拉维亚中部昔日的德语地区,其捷克文名称是奥洛穆茨(Olomouc)。

在奥尔米茨的投降

普鲁士之所以能够在1849年随心所欲地君临德国,那不仅仅是因为其德意志竞争对手与合作伙伴软弱无能的缘故:资产阶级怯于接管权力、无产阶级设置路障进行的抗争为时短暂,以及各地诸侯胆小怕事。主要的理由更在于,奥地利那个传统上的德意志强权仍然受困于本国的革命——但并非因为维也纳中产阶级和无产阶级的革命,毕竟它跟普鲁士在柏林的革命一样,已于1848年11月遭到敉平。问题出自奥地利境内其他族裔那边爆发的民族革命。1849年整整一年内,奥地利还必须在意大利和匈牙利作战,而且匈牙利的战事必须依赖俄国的协助才得以获胜。当时它对德国完全无能为力;但是在1850年的时候终于又有办法了。奥地利就像愤怒的奥德修斯那般蓦然重返,赫然发现自己的德意志家园已遭普鲁士霸占,于是决定不顾一切地清理门户。

奥地利的相关政策颇不寻常地呈现出一种激烈、傲慢甚至侮辱的恣态,显露了该国新"强人"施瓦岑贝格的作风——假若此人没有在1852年猝逝的话,可能会把德国史的整体发展带上一个截然不同的方向。施瓦岑贝格自成一家的德国方案延伸甚广：他不但想重建"德意志邦联"，而且还打算把哈布斯堡王朝所有的辖区都纳入其中[15]，包括它在匈牙利、意大利，以及南斯拉夫民族那边的领地。实际上这意味着把德国并入奥地利——并入既古老又庞大的奥地利帝国。施瓦岑贝格所想要的并非一个德意志民族国家，而是一个超越民族界限的中欧国度，一个以维也纳为中心的真正"帝国"：这正好符合了卡尔五世[16]和华伦斯坦的愿景。对上一个世纪才逐渐发展成形的普鲁士而言，它在那个方案里面几乎找不到自己的位置，这个雄心勃勃的半强权只可能在其中成为捣乱者。当被问及他将如何于其"大德意志国"处置普鲁士的时候，据悉施瓦岑贝格是以法文回答："削弱，然后摧毁。"（Avilir, puis démolir.）他起先的做法，是对普鲁士1848年至1850年之间在德境的作为一概视而不见。他若无其事地重新在法兰克福召开往常的邦联会议，并且说动萨克森王国和汉诺威王国退出"德意志联盟"，接着又向普鲁士提出最后通牒，要求它把军队撤出黑森选侯国。到了秋天的时候，普奥双方都动员军队，战争看来已经无法避免。

　　沙皇于是进场干预，并且替奥地利撑腰。他当然不赞同

15　奥地利帝国只有大致相当于今日奥地利共和国、捷克共和国，以及斯洛文尼亚共和国的地区划入德意志邦联。相形之下，普鲁士王国则除了东普鲁士、西普鲁士和波森之外，国土都位于德意志邦联境内。

16　神圣罗马帝国皇帝卡尔五世（Karl V., 1500—1558）或可按照英文音译成"查理五世"（Charles V）。

施瓦岑贝格的远程目标,而且只要想到俄国面前将出现一个巨大的德意志—奥地利帝国,那种念头甚至会让他感觉很不舒服,更何况他并不乐见普鲁士受到削弱,甚至遭到摧毁。他仅仅打算维持现状——既不要施瓦岑贝格的中欧大帝国,也不要普鲁士的"德意志联盟",而是恢复1848年之前的态势,重建"三只黑鹰"的旧同盟来对抗民族主义和革命。这使得他起先成为奥地利的盟友,毕竟施瓦岑贝格的中欧大帝国还只是空中楼阁而已,普鲁士的"德意志联盟"却几乎已经成为事实。这种事实必须马上加以排除。普鲁士投机取巧与革命勾搭的行为绝不可带来任何成果,一切都必须返回1848年之前的原状。这就是当时的要求,而且普鲁士受到了奥地利和俄国连手施压。普鲁士眼见自己昔日的保护者与盟友突然摆出那么凶巴巴的面孔,只得于1850年11月29日在奥尔米茨无条件地完全投降。[17]结果"德意志联盟"遭到解散,1815年成立的旧"德意志邦联"恢复原样,普鲁士在德境所曾经做过的事情全部化为乌有。羞辱的动作来得未加遮掩、毫不通融。普鲁士离开奥尔米茨的时候,宛如一个刚刚受到处罚的学童,在调皮捣蛋的恶作剧被揭穿之后,满脸通红地表示自己下次再也不敢那么做了。这场败仗的惨痛程度

---

17 1850年11月下旬,普奥俄三国在奥尔米茨举行会议,调解普鲁士与奥地利之间的冲突,普鲁士被迫签订《奥尔米茨草约》(Olmutzer Punktation)——德意志民族主义者则称之为"奥尔米茨之耻"(Schmach von Olmutz)。

与1806年无分轩轾,只不过这一次没有流血而已。

但此际发生了稀奇古怪的事情:现在就和从前一样,普鲁士起初逆来顺受地承认自己的失败,并设法以积极配合的态度做出最佳表现;这时甚至比上一次更加心甘情愿。上一次的配合意谓进行改革——名副其实对国家进行自由化改造,结果遭到身为普鲁士社会核心和国家中坚的军事贵族激烈抗拒。这一回的适应却意味着进行保守的复辟与反动,完全合乎那个社会阶层的心意。腓特烈·威廉好大喜功的德意志试验,从一开始即已让许多普鲁士保守派人士心生不满;那些人针对奥尔米茨的羞辱所出现的悲愤反应,则已经被"早知如此何必当初"的幸灾乐祸心理所覆盖。他们从来都不像那位感情丰富的国王一般,会"被'德国'这个字眼感动得热血沸腾,不能自已"。例如一位名叫俾斯麦的议员便在"埃尔福特联盟议会"冷冰冰地表示:"我们想要那个联邦国家,但是由于这部宪法的缘故,我们宁可不要它也罢。"过了半年以后,俾斯麦在柏林市的普鲁士下议院为奥尔米茨做出辩护:"普鲁士的任务并非在德国各地扮演堂·吉诃德的角色。"他自己——以及大多数的普鲁士保守派成员——打从心底厌恶那种与"德意志民族主义骗局"的同盟。久经考验的"三只黑鹰"同盟更加稳固,而普鲁士保守派很高兴看见它重新被建立起来,或者至少表面上如此。在奥尔米茨之后的那几个年头,普鲁士起初便致力于重建那个同盟,其态度充满了感性的热情——孩子迷途知返后的那种热情。

可是这一切对它毫无帮助。那个同盟无法长时间继续维持下去，它的大限已到，它支离破碎了。此事并非出自普鲁士的过错，就仿佛四十年前拿破仑和亚历山大沙皇联盟的破裂，并非出自普鲁士的过错一般。1854年至1856年之间的克里米亚战争，使得奥地利与俄国反目成仇，而且如同事实所证明的，永远变成了敌人。西方列强与俄国进行的这场战争，首度涉及争夺土耳其在巴尔干半岛的继承权。那里从此成为欧洲的火药库，让欧洲政治情势在接下来半个多世纪的时间内不得安宁，最后成为引爆第一次世界大战的地点。

普鲁士和奥地利都在克里米亚战争期间保持中立，但两国中立的性质截然不同：普鲁士可谓是站在俄国那边保持中立，奥地利则站在西方列强旁边。奥地利企图利用克里米亚战争的机会，取得那些"多瑙河公国"（今日罗马尼亚的南部和东部）[18]，并且将俄国排挤出巴尔干半岛——尽管俄国才刚刚在五年以前拯救了奥地利，使之免于在匈牙利革命战争中落败。"奥地利将以自己的忘恩负义令全世界吃惊"，这是施瓦岑贝格之前曾经讲过的话，可谓特色十足。奥地利与俄国如今变成了巴尔干半岛上的死对头，普鲁士再也无法于他们的同盟当中担任第三者，因为那个同盟已经不复存在了。从此以后无论普鲁士喜不喜欢，都必须在二者之间做一选择。

---

18 多瑙河公国（Donaufurstentumer）指的是"瓦拉几亚"和"摩达维亚"两地。

不但"三只黑鹰"的同盟已告终结,就连梅特涅在1815年以高超技巧所建立,而且普鲁士欣然融入其中的欧洲体系,也随着革命及其后续发展而分崩离析。法国不再跟着玩下去了。如今那里又有一个拿破仑在进行统治,虽然这位拿破仑"三世"已无拿破仑一世的帝国野心,却仍雄心勃勃地想把欧洲的政治中心再度从维也纳转移到巴黎。他所运用的手段就是与民族主义结盟:首先是意大利民族主义,他成功了;接着是波兰民族主义,他徒劳无功;最后甚至是德意志民族主义,结果他跌断了脖子。反正他总是喜欢在欧洲制造骚乱、制造战争、制造战争的呐喊。革命后的欧洲迥异于1815年至1848年之间的情况,已不再是一个充满和平色彩的国家共同体。现在每个国家都重新各自为政,普鲁士也不例外。

尽管德意志邦联若无其事地继续在法兰克福召开会议,德国仍然和欧洲一样,再也无法回复到革命前的状态。无论是民族主义运动还是资产阶级自由主义运动,都不曾因为1848年至1849年的失败而失去动能。德国资产阶级民族主义运动持续成为一个不安定的因素,令人不得不正眼看待并且设法加以因应。随着工业化的快速进展,资产阶级甚至在十九世纪五六十年代日益变得更加强大。此外在十九世纪六十年代初期,工业化也开始带来了有组织的工人运动——其核心就在普鲁士。1860年前后,人们透过不一样的方式,已经重新取得大致类似十年前的发展:革命本身虽已被束之高阁，德意志中产阶级却经由"国民协会"和"进步党"之类的组织，再度声势浩大地向前迈进，不可避免地促成普鲁士与奥地利竞相争取其好感。两国内部自由化和议会化的进程看起来都难以阻挡，两国都致力于在德国进行"道德上的征服"，都设法将民族主义运动的川流导引到自己的磨坊，都抢着推出改革德意志邦联的方案。其间普鲁士的优势为，它不曾陷入奥地利那种棘手的民族问题；奥地利的优势则在于它比较强大，也比较受欢迎，尤其它传统上一直是德国的霸主和帝国的掌控者。

在十九世纪六十年代初期仍然无法确定，那一切将如何继续发展下去。各种解决方案被喊得震天价响：一个更加紧密和范围更大的邦联；德意志双雄并立，由普鲁士主导北德、奥地利主导南德；秉持议会立宪制的精神来改造既有的德意志邦联。每个人都笃笃定定地期待一种状况出现：资产阶级的议会机构将在德国全境握有更大权力。同时几乎没有任何人期待将会发生这等情事：一场介于各个德意志国家之间的战争。

最后两种期待皆告落空，结果普鲁士成为主导德国的力量，奥地利却变成了外国。那是一个单独个人的工作成果，而十九世纪六十年代初期他在自己的国家仍然是政坛局外人，他叫做俾斯麦。

第六章

普鲁士建立帝国

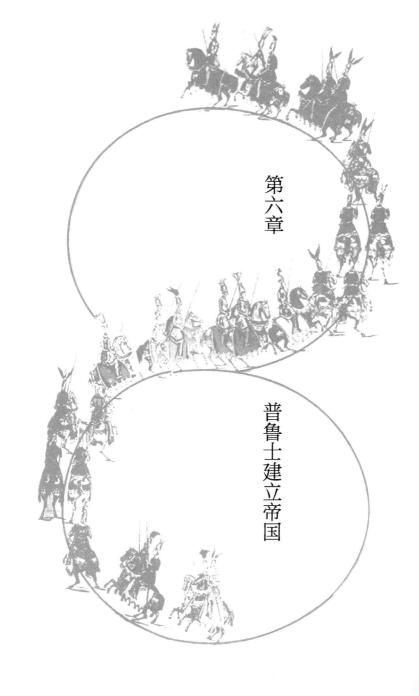

1866年克尼格雷茨战役结束后，俾斯麦主张宽待被击败的奥地利，既不要求割地赔款，也不把军队开入维也纳。唯一条件是：解散德意志邦联，并吞汉诺威、石勒苏益格—荷尔斯泰因、黑森选侯国，以及法兰克福。新成立的北德意志邦联则是一个稀奇古怪的架构——普鲁士全国百姓多达二千四百万人，其余二十二个邦联成员国的人口总数却只有六百万。有一位普鲁士自由派人士称之为："一只狗儿跟它身上跳蚤的共同生活"。

1870年击败法国之后，在凡尔赛宫拥立德意志皇帝的前一天，威廉一世国王流着眼泪说道："明天是我一生当中最不快乐的一天。我们会把普鲁士的王位抬进坟墓。"那位老国王的目光比大多数人更加深远——普鲁士同时置身于统一的德国旁边和里面，不可避免地逐渐丧失了自己的独立性、自己的身份，最后还失去了自己的存在。它变得多余，成为帝国架构当中的异物，最后沦为德意志"世界政策"失败下的牺牲品。

俾斯麦以帝国创建者的身份，继续活在德国人的心目当中。人们曾经反复争论——并且至今依然对此争论不休——俾斯麦的建国行动对德国来说到底是福还是祸。相形之下却很奇怪地难得有人思索，建立德意志帝国一事究竟给普鲁士带来了好处还是灾难。更奇怪的却是此事本身，因为俾斯麦当初毫无疑问主要是从普鲁士的观点来看待建国行动，进而把它当做普鲁士的政治措施来加以完成。

俾斯麦并非德意志民族主义者，而是一位普鲁士政治人物。不仅在从政之初，就连当他担任普鲁士首相的那些年头，也都时常不经意地把"德意志民族主义骗局"这个用语挂在嘴上。1866年的时候，他毫无民族顾忌地跟大多数反普鲁士的德意志邦国打仗，就如同对奥地利作战一般。他在开战之前曾与威廉一世国王持续进行过令人神经耗弱的辩论，结果国王有一次禁不住绝望地喊了出来："那么，您难道不也是德国人吗？"然而每当俾斯麦谈论起普鲁士的时候，总是可以听见他的肺腑之言。他曾在一封私函中写道："只有上帝晓得普鲁士该存在多久。可是万一普鲁士不复存在的话，我将会非常难过，这是上帝所知道的！"

然而，俾斯麦自己更甚于其他任何单独的个人，促成了普鲁士的"终结"。其中吊诡的是，那并非出自政治上的失败或失误,而是由于成功过度。他引领普鲁士登上巅峰,可是普鲁士在那里久留之后将无法呼吸。随着德意志帝国的建立,普鲁士在德国而德国在欧洲变成了霸主,或许俾斯麦于此过程中让德国变得不堪负荷。尽管此事可以让人吵个不停,但毋庸置疑的是,俾斯麦已经给普鲁士注入了致死的因子:普鲁士同时置身于统一的德国旁边和里面,不可避免地逐渐丧失了自己的独立性、自己的身份,最后还失去了自己的存在。它变得多余,成为帝国架构当中的异物,最后沦为德意志"世界政策"失败下的牺牲品——那种政策是普鲁士纯粹以普鲁士的身份所无力进行,甚至根本不会打算进行的。

历史学家瓦尔特·布斯曼评论道:"当俾斯麦与民族主义理念——那个世纪的主要驱动力之一——结盟的时候,他想为普鲁士国家带来益处;但从客观的角度来看,他同时也替一个民族国家的事务效劳,而民族国家正是其政治对手念兹在兹的问题。"我们还可以把它表达得更加尖锐一些:普鲁士国家理念与德意志民族理念的联盟,是火与水之间的联盟;即便乍看之下烈火能够把水化为蒸汽,到了最后烈火仍然会被水所熄灭。俾斯麦建立帝国一事,在当时人们眼中是普鲁士最伟大的胜利;到头来却证明它是普鲁士结束的开端。但"结束"并不曾让"胜利"化为乌有。毕竟难得有几个国家能够以更甚于俾斯麦的普鲁士那般,光辉灿烂地走上毁灭。

俾斯麦一世国王

"俾斯麦的普鲁士"——这种讲法写起来和读起来是如此稀松平常,就仿佛理所当然一般。不过当我们这么表示的时候,最好还是先停顿片刻并且纳闷一下。正确无误的是:俾斯麦果真自从出任普鲁士首相的那一刻开始,就宛如帝王般地形塑了普鲁士的政策,而且是那样的政策!但这种事情怎么会成为可能呢?毕竟俾斯麦不是普鲁士的君主。之前的普鲁士政治决策者始终都是国王:腓特烈·威廉一世和腓特烈大帝总是独自做出决策;其历代继任者固然会咨询部长和顾问们的意见,可是单独一位部长在连续数年和数十年内决定普鲁士的政策,仿佛他本人就是国王一般(早在1865年的时候,英国外交大臣克拉伦登已讥之为"俾斯麦一世国王"),这在普鲁士是前所未见的现象。就连在哈登贝格的极盛时期——1810年至1815年——情况也不例外,即便那位深受打击、横遭羞辱,此外生而优柔寡断的国王,曾经给予其"国务总理"多得非比寻常的挥洒空间。

然而威廉一世——俾斯麦终身的国王——却是一位远较腓特烈·威廉三世强势的统治者。他的孙子曾于其身后设法将他追赠为"威廉大帝",但即便"大帝"这个尊称从未与他的名字连结在一起,他在历代普鲁士国王当中无疑仍属于第一流的角色。我们不妨称之为普鲁士的第二位"士兵国王":他从里到外都是一个真正的军人,一位经验老到的职业军官;普鲁士的军事改革必须归功于他,而假若没有这项改革的话,俾斯麦的几场战争或许在军事层面无法进展得如此顺利。那位貌不惊人但干才出众的毛奇之所以被任命掌管参谋本部,同样也源自国王个人的贡献。将部队指挥权划归参谋本部之下的做法——普鲁士的独家成功秘方——亦为威廉一世任内的创举,并且还长时间地传承下去。更何况威廉一世除了超乎平均水平的军事专业知识之外,还具备坚实健全的理智、丰富的政治人生经验(他以六十四岁之年登上王位),以及强烈的君主自我意识。他绝对称不上是一个傀儡国王,至于他在漫长得出人意外的即位时期(他以九十岁高龄去世于1888年),不断置身于那位天才首相及日后帝国总理的阴影下,则完全是始料未及的事情。威廉一世与俾斯麦二人,其实并非天生就肝胆相照和相互吸引。国王任命俾斯麦担任首相之前不久,仍在自己最窘迫的时刻表示:那个人让他觉得很不舒服,并且会打从心底起反感;俾斯麦则从未停止抱怨,他自己在持续不断与国王进行争论和争取国王同意的时候,曾经承受过怎么样的精神折磨。

当我们观察俾斯麦的事迹时,绝不可忽视这种从未停歇的争斗。因为它比其他的一切,更能够解释俾斯麦政治风格当中的一项重要特征——尤其是在他上台后事件层出不穷、戏剧性十足的最初八年，亦即建立德意志帝国之前的那几个年头。

人们经常谈论起俾斯麦的"波拿巴主义"，并且在他1862年至1871年之间的政策里面找到拿破仑式的作风。但那种做法没有道理可言：俾斯麦终究并非篡权者，而且他连做梦也没有想过，要由自己来取代那位正统的国王；"在普鲁士只有国王才会搞革命"，这是他偶尔喜欢说出的话语。不过俾斯麦在一个方面果真与"波拿巴们"[1]具有共通之处：他就跟他们一样，迫于压力而必须不断做出成功的表现。然而与他们不同的地方在于，那种做法并不是为了保住非正统的皇位，而是要保住自己的职务。国王随时都可以将他免职（如同德皇威廉二世后来果真做出的事情那般），同时既有许多敌手处心积虑地想把他拉下台来（在国王最亲近的小圈子里面也不乏其人），又有不少竞争者相信自己有办法把事情处理得更好，巴不得能够坐上俾斯麦的位子。他必须不断地让自己变得不可或缺；为了做到这一点，他需要不断出现的危机（因为在河中央不会更换坐骑），同时也需要不断的成就（因为一位成功的阁揆没那么容易遭到撤换）。这一方面解释了俾斯麦为何好斗成性（他在执政最初几年内，更简直是刻意挑起危机并加以激化），另一方面也衬托出他在化解

---

[1] 拿破仑一世和三世的姓氏为"波拿巴"（Buonaparte/Bonaparte）。

危机时"如钟表师傅般的小心翼翼作风"(这是俾斯麦传记作者路德维希·莱纳斯的贴切用语)。但它同时还阐明了一个更加重要的事项:俾斯麦出于"对成功的执迷"(Erfolgsfixiertheit),非但必须漠视原则、对自己所选择的手段不多加讲究,甚至更可改变自己的目标——视情况转而采用收效最快和最有成功把握的目标。

俾斯麦于人生晚年自创神话之际,往往把自己讲得仿佛打从一开始就着眼于建立帝国,简直是无论当他走直路或者绕弯路的时候,心中都一直把站在凡尔赛宫内拥立德皇的胜利场景,列为不可动摇的终极目标。没有任何事情能够比这种论点更加大错特错。

"一成不变可不是我的作风",这是他自己说过的话。无论俾斯麦每一次为普鲁士的政策设定何种目标,所取决的因素都是成功可能性。以1864年对丹麦的战争为例,他曾经在一次演讲中详细地脱口说出:"我一直坚持下列层进式排比:共主邦联(丹麦与石勒苏益格—荷尔斯泰因的君合国关系)优于之前的状态,独立的诸侯国优于共主邦联,而与普鲁士国家的联合又优于独立的诸侯国。但究竟何者可以实现,只有事件本身的发展才能够加以表明。"其情况正如同1866年对抗奥地利和德意志邦国的战争,以及1870年对抗法国的战争:每一次设定目标的时候都是把可实现性做为优先考虑,而非反过来做。我们大可称之为俾斯麦的成功秘诀:谁要是每一次都把可实现的事物列为目标,那么就能够相当确定他总是会有办法实现自己的目标。然而其中的危险是，最后不无可能证明出来，所实现的目标其实并不值得争取。就建立德意志国一事而言，已有足够迹象显示，俾斯麦自己曾经长时间怀疑它到底值不值得普鲁士争取。此外比那段历史本身更加有趣的事情，则是俾斯麦所做出的各种预防措施，藉以防堵建国行动所可能为普鲁士带来的危险，而且他相当正确地看出了那些危险。现在到了该做出说明的时候，来简短回顾普鲁士于俾斯麦主导下建立德意志国的历史，亦即普鲁士在1862年至1871年那几个高度戏剧化年头的历史。

政治权谋与成功压力

俾斯麦之所以在1862年9月被任命为普鲁士首相，归因于国王与议会之间一场严重的宪政冲突，而此次冲突的原因，就是前面提到的由国王亲自推动的军事改革。当时的情况类似两个世纪以前促成英国爆发大规模内战的导火线（那场内战最后导致英王查理一世遭到斩首）：国王与议会针对军队的最高指挥权起了争执，双方都拒绝让步。威廉一世既遭到他的部长们离弃，又被其家人以查理一世在英国被砍头时的恐怖情景讲得心神不宁，原本已经打算退位。此时俾斯麦却以最后救星的姿态出面护驾，而他昔日早已透过各种言论，为自己博得了"肆无忌惮的君主主义反动派"之名声。

眼前的诱惑实在难以抗拒，令人不得不思索片刻：假如威廉一世果真在1862年按原定计划退位的话，普鲁士的历史将如何继续发展下去？其子腓特烈三世实际统治的时间，将不会像后来那般只有三个月，而是二十六年。腓特烈三世是个自由派，或许会受到他那位在政治上非常活跃的英国妻子影响，藉由退让来结束宪政冲突，并且以英国为榜样，将普鲁士的王权改造成议会君主制。那么普鲁士将变成一个"欧陆的小英国"。在腓特烈国王与维多利亚王后伉俪当政的时代，人们想必从来都不曾听到过俾斯麦这个名字。非常不可能出现的情况则是，那个受到议会统治的普鲁士，会有办法力抗法国、俄国、奥地利和德意志中小邦国的反对，单单凭靠德意志自由主义者的协助和英国的同情来统一德国。不过完全可以想象的是，普鲁士纵使在今天都还将继续存在下去。

以上只是题外话而已，现在回到现实。俾斯麦自荐为国王忠诚的盾牌手，愿意直到上了断头台为止，都屹立不摇地捍卫王权来对抗议会统治。如此一来，除非国王另请高明，否则就只能仰仗于他。但俾斯麦并没有搞出政变来。他反而在漫长的五年期间内，很聪明地让宪政冲突悬而未决，直到他最后在局势完全改观之际，利用议会让步的机会，按照国王要求的形式解决了问题。[2] 俾斯麦利用这五年的机会，做出一系列既大胆放肆又极不受欢迎、甚至连国王都觉得吓人的外交行动，可是那些结合了两场短暂战争的行动都经过仔细算计，并且成功得光彩夺目，而其最终结果就是产生出一个

---

[2] 威廉一世于1861年展开军事改革，而自由主义者（"进步党"）在1862年成为普鲁士下议院多数派，意图透过预算审查取得对军队的主导权，一再拒绝通过政府总预算案。此时已无人愿意出面组阁，国王只得任命俾斯麦为首相。俾斯麦上台后祭出"漏洞理论"（Luckentheorie），表示宪法未明文规定，国王、上议院和下议院无法就预算达成共识时应该如何处置，因此下议院否决预算之举导致宪法出现漏洞。但国家机器不可停摆，于是俾斯麦连续四年不再向国会提出预算案，把军事改革进行到底。1866年普鲁士击败奥地利后举国欢腾，下议院随即追认了之前的各种违法支出！

第六章　普鲁士建立帝国

全新的普鲁士和一个全新的德国。

俾斯麦出身自极端的保守派，他是梅特涅体系的拥护者，以及自由主义、民族主义和1848年革命的激烈反对者。他曾在1850年——如同我们已经看见的——为"奥尔米茨的投降"发声辩护，而正因为这层缘故，他不久以后就被送去法兰克福担任普鲁士派驻德意志邦联的代表，为时长达八年之久。可是他在那八年期间已经完全改头换面了。

俾斯麦毕竟不只是一个保守派人士而已，他也是铁杆普鲁士人，更何况他还是现实主义者。身为普鲁士人，施瓦岑贝格时代狂妄自大的奥地利外交政策，让他在法兰克福大受其辱。身为现实主义者，他看出奥地利与俄国自从克里米亚战争以来的决裂已经无法挽回，同时老旧的欧洲体系已由于拿破仑三世的修正主义政策而日益动摇。他早在1856年即已得出结论，"我们将在不很长的时间内，必须为了自己的生存对奥地利作战"，而且务必要争取法国和俄国于战时保持友好中立。他进而认为，普鲁士与奥地利不可避免地将在德国以及为了德国而交战——"维也纳的政策已让德国对我们双方而言过于狭窄……我们两国就是在耕种同一块受到争执的田地"——而且普鲁士即便在德国境内也需要盟友。现实主义者俾斯麦早已看出，德意志的诸侯们永远不可能成为盟友。他曾在1859年告诉一位目瞪口呆的采访者，普鲁士在德国只有一个真正的盟友：德意志民族。俾斯麦的现实主义者成分，毕竟还是压过了保守主义者的一面。身为现实主者，他不惜也跟民族主义，甚至跟民主主义结盟。

那些就是1862年俾斯麦在普鲁士走马上任时的外交构想和计划，并且在五年以后全部得到实现。但是它们很奇特地绕了一条弯路。

俾斯麦的第一个外交大动作，是一项破坏行动。1863年的时候，奥地利意图透过改革让"德意志邦联"获得重生（但它早已在俾斯麦的脑海中被宣判死刑），结果俾斯麦的抵制行动使得那个尝试归于失败。当时奥地利为求实现自己的目标，以盛大排场在法兰克福召开德意志诸侯大会，然而普鲁士没有出席。俾斯麦事先进行过激烈的争辩，才终于说服他的国王不去参加；而诸侯大会在普鲁士缺席的情况下难有任何作为，于是一事无成地闭幕了。奥地利与普鲁士在"德国问题"上的敌对关系，随之首度公诸于世。在此问题上，两大强权如今已然成为公开的对手。

尽管如此——或许正因为如此——两国在1864年成为盟友，对丹麦进行了一场由于石勒苏益格—荷尔斯泰因而起的战争。让当时受到丹麦管辖的石勒苏益格—荷尔斯泰因加入德国，原本已是德意志民族主义者的主要诉求之一。等到相关纷争突然再度变得火热起来，奥地利和普鲁士为了在德国进行角逐，都不得不认真看待此事。之前早在1848年的时候，就已经因为石勒苏益格—荷尔斯泰因的缘故而出现过武装冲突。列强曾经为此举行伦敦会议，会中决定石勒苏益格—荷尔斯泰因应该继续与丹麦合在一起，但只不过是"共主邦联"而已。如今丹麦国王已经驾崩并且没有子嗣，于是丹麦和石勒苏益格—荷尔斯泰因分别有了不同的统治者继承人，这使得共主邦联难以为继，结果丹麦罔顾《伦敦协议》的约定，并吞了石勒苏益格。奥地利和普鲁士身为《伦敦协议》的共同签署国，于是向丹麦提出最后通牒，要求停止并吞的行动。1864年2月1日战争随之爆发。

在攻占"迪伯尔堡壕"的时候，那场战争给予普鲁士陆军第一次机会，来实地验收自己因为威廉国王的军事改革而新获得的品质。但那只不过是最微不足道的事情罢了。从军事观点来看，一场由两大强国对抗小小丹麦的战争，无法赢得太多光彩。真正的高招就是阻止了其余也共同签署《伦敦协议》的大国介入干涉，而他们当中又以英国特别站在丹麦那边。之所以能够避免外力干预的原因，一方面要归功于俾斯麦技巧十足的自制——他以令德意志舆论界大失所望的方式，并不要求将石勒苏益格—荷尔斯泰因更紧密地与德国连结在一起，却只是主张完全恢复原状而已。另一方面则归咎于丹麦冥顽不灵地坚持采取违反《伦敦协议》的措施，执意要兼并石勒苏益格。反正其结果是，在全体强国的一致默许下，丹麦必须将石勒苏益格—荷尔斯泰因交给奥地利和普鲁士两国共同管辖。可是奥地利无法从中得到任何好处——它到底该拿远在天涯海角的石勒苏益格—荷尔斯泰因怎么办呢？对普鲁士而言，那却不仅意味着赢取土地的机会，而且正中俾斯麦的下怀，让他有了一个争端点，随时可借此引发普鲁士与奥地利之间的战争。

但这并不表示俾斯麦不惜一切代价，非要那场战争不可。后来他曾经表示："有许多不同的道路通往我的目标，我必须按照顺序一步接一步走下去，最后才走上最危险的一条路。"他所想要的事情，就是解散德意志邦联（因为俾斯麦觉得它对普鲁士的外交政策产生掣肘作用），以及普鲁士不受限制地主宰北德地区。就德国南部而言，他愿意让奥地利享有同样的主导地位。如果他能够透过与奥地利的和平协议来达成这个目标的话，那就再理想也不过了。

但即便只是想达成这种和平协议，然后沿着美因河一线来划分德国，照样也必须透过施压才能够完成。因此在"德丹战争"和"德意志战争"[3]之间的两年内，俾斯麦持续不断设法在国际间孤立奥地利。就俄国而言，由于该国早已持续在巴尔干半岛与奥地利争霸，俾斯麦下工夫的时候可以不费吹灰之力。在法国那方面可就比较困难，因为拿破仑三世的法国另有自己的打算。它希望在一场介于奥地利和普鲁士之间的战争中，成为渔翁得利的第三者，并且在出面为战败一方担任和事佬的时候，于莱茵河左岸取得"补偿"，甚至将莱茵河定为国界。俾斯麦既不可能也不愿意做出这种承

---

[3] 德语地区将1864年的战争称作"德丹战争"（德意志邦联对丹麦作战）；将1866年的战争称作"德意志战争"（普鲁士、奥地利、德境邦国之间的"兄弟战争"）；1870年至1871年的战争则是"德法战争"（北德意志邦联与南德各邦协力对法国作战）。

诺，免得毁坏了他跟另外一批盟友——德意志民族主义者——的关系；但他乐得让拿破仑三世皇帝产生模糊不清和不切实际的希望。拿破仑三世所打的算盘则为：在奥地利—普鲁士之战当中失败的一方，亦即支付高额调停费用来接受其保护的一方，将会是普鲁士——鉴于角力双方的强弱对比，那种期望并非不合理。俾斯麦也明白自己很容易就可能输掉对奥地利的战争，而且若按照纸面上的数字，他甚至一定会打输。奥地利的实力仍旧比较强大。这个因素导致俾斯麦迟疑不决的程度，不亚于他原则上对战争的厌恶，而他厌恶战争的理由主要在于，打仗的时候很容易基于军事考虑而对政治造成危害。俾斯麦固然从不害怕把战争使用为最后的手段，但总还是尽可能地加以避免。1866年的战争如此，而且如同我们所即将看见的，1870年的战争更是这样。

有别于1870年的是，俾斯麦在1866年时的某些目标，如果少了战争风险和战争恫吓便无法实现；那些目标背后所隐藏的战争恫吓，则又使得他向奥地利提出的和平建议显得诚意不足。普鲁士与奥地利之间有过三次可称做"战前和平谈判"的会议：1864年在"美泉宫"、1865年在"加斯坦"，第三次则于1866年开战之前不久，透过"加布伦茨任务"[4]在维也纳举行。唯独在"加斯坦"的谈判至少取得部分成

---

[4] 加布伦茨（Ludwig von Gablenz, 1814—1874）是奥地利将领和1865年9月以后的荷尔斯泰因总督。

果，决定了石勒苏益格—荷尔斯泰因的分割方式：石勒苏益格交由普鲁士，而荷尔斯泰因交由奥地利管辖。但双方都心知肚明，这顶多只意味着停战，并不表示已经签订和约。因为问题的关键不在于怎么瓜分石勒苏益格—荷尔斯泰因，而是该如何在奥地利和普鲁士之间瓜分德国。尤其令奥地利难以苟同的是，俾斯麦进行德国之争的时候，一直是跟民族主义和民主主义结盟——这种结盟方式是奥地利基于自身的特质所无法跟进的。

俾斯麦与奥地利进行谈判之际，已要求成立一个透过普选产生的德意志议会（但其权力当然应受限制）。外交和军事政策方面的重大相关事宜，则应该由奥地利在南德而普鲁士继续在北德握有主导权。可是一个自由选举出来、符合俾斯麦要求的全德意志议会，实际上意味着一场革命——即使奥地利的德裔百姓获准参加选举也不例外。奥地利感觉自己被要求配合完成一场革命，甚至是在战争的威胁下被迫如此，那根本就强人所难。最后是奥地利先失去耐心，并且动员了军队。1866年的"战争罪责"因而迄今仍无定论。能够确定的只有两件事情：在导致战争爆发的重大政治争议方面，普鲁士是现状的攻击者，奥地利则是现状的守卫者。就战争本身而言，普鲁士则为胜利者，而且是出乎意料之外的胜利者。

1866年：普鲁士成功达阵

教廷"国务卿枢机主教"阅读到一则新闻报导之后，禁不住喊道："世界天翻地覆！"——1866年7月3日，普鲁士于该世纪最大的战役中，在克尼格雷茨城外击溃了奥地利与萨克森的联军。后果更严重的是，对拿破仑三世皇帝来说，世界也随着克尼格雷茨而天翻地覆。其整体政策完全是建立在普鲁士打败仗的可能性之上：他可以把普鲁士从战败后的毁灭当中拯救出来，并且为此收取自己的报酬。普鲁士的胜利，使得他本人以及法国政治界感觉受到某种欺骗，这解释了何以会出现"为萨多瓦复仇"那种怪异的讲法（"萨多瓦战役"是法文对克尼格雷茨战役的称呼），而且它在1866年以后的法国成为一句强大的政治口号。法国与普鲁士至1866年为止的协约（反正那本来就是一个双方各怀鬼胎的协约），如今便在转瞬之间成为过去。拿破仑三世于是出面对打了胜仗的普鲁士人进行阻挠。

他公开宣布自己将进行武装调停，随即派遣使者前往普鲁士的指挥总部。克尼格雷茨获胜者的处境一下子变得极其危险：如果他拒绝了法国的调停，恐怕会面临一场后果难测的两线战争；但若接受调停的话，则势必将在莱茵河流域割地——并失去德意志民族主义者的向心。唯一的解决办法，就是尽快与奥地利媾和。

俾斯麦选择了这条出路，而其结果对奥地利来说，很可能是战胜国与战败国之间签订过的最慷慨的和约：不割地、不赔款、立即遣返战俘、马上从所有的占领区撤军。为了缔结这项和约，俾斯麦跟自己的国王起过激烈争执，被逼得考虑自杀。他虽无法让国王看出签订这个"可耻到这种地步的和约"之必要性，但他最后仍然如愿以偿。于是在俾斯麦整个惊人的职业生涯当中，1866年7月底发生于摩拉维亚"尼科尔斯堡"城堡内的此次危机，堪称他最惊心动魄的时刻。[5]

与南德各邦分别签订的和约几乎同样大方。他们虽然曾经与奥地利并肩对普鲁士作战、跟着一起落败，但也都不必割地赔款（唯独黑森—达姆施塔特稍有例外），都没有遭到占领。他们仅仅被要求与普鲁士缔结军事同盟——而且他们喜出望外地答应了。除此之外，他们有史以来第一次和仅此一次，在国际间成为完全独立自主的国家。他们不再像1806年以前那般有一个德意志国家[6]，以及在1815年之后那般，有"德意志邦联"做为共同的屋顶。他们已被明白告知，不

---

5 尼科尔斯堡（Nikolsburg）位于摩拉维亚南部昔日的德语地区，是普鲁士与奥地利在1866年7月26日进行停战谈判的地点。尼科尔斯堡现在依捷克语称作米库洛夫（Mikulov）。

6 此"德意志国家"指的是1806年被拿破仑解散的"德意志民族的神圣罗马帝国"。

妨共同成立一个"南德意志邦联"（假如他们有意如此的话），但他们从未行使那项权力。奥地利对南德的主导权既然再也不成为话题，这只会让他们感觉更加称心如意。

俾斯麦在北德的做法可就激烈多了。普鲁士在德国北部的扩张，原本就是俾斯麦真正的作战目标，现在他便透过激进的兼并手段来加以实现。石勒苏益格—荷尔斯泰因、汉诺威、黑森—卡塞尔、黑森—拿骚等邦国，现在全都变成了普鲁士的省份；法兰克福那座昔日的帝国利伯维尔也被并入普鲁士，而且它是唯一曾于战时遭受粗暴待遇的被占领地区（以纵兵劫掠为要挟来强征巨额军税，市长被逼得自杀）。普鲁士如今于其屡屡进行兼并征服和开疆辟土的历史上，完成了最大与最后一次的扩张。其疆界几乎涵盖了整个德国北部地区，而且整体来说我们必须承认，普鲁士把并吞过来的巨大土地消化得很好。它在领土方面固有的弹性，以及它的本事，有办法藉由良好的行政管理、严格的法治精神和冷冰冰的宽容作风，让普鲁士的统治能够被任何"必须成为普鲁士国民者"接受，在在都重新通过了考验——最后一次通过了考验。唯独汉诺威在随后数十年内，继续出现一股拥护韦尔夫王室家族的反对势力。

若按照普鲁士平常的作风，理应一以贯之，将北德残留的大大小小诸侯国也都兼并过来。然而普鲁士不方便并吞自己的盟友——梅克伦堡、奥尔登堡、各座汉萨城市[7]，以及图林根地区大多数的小邦国。萨克森王国固然在俾斯麦的兼并清单上面名列前茅，可是奥地利已于签订和约时为其请命（萨克森人曾在克尼格雷茨战役中加入奥地利一方英勇作战，并且伤亡惨重）。那么对普鲁士而言或许比较明智的做法，应该是既放过萨克森也不去打扰北德的小邦国，顶多只像对待南德各邦那般，强迫他们签订盟约即可。他们根本不可能对1866年时的大普鲁士造成任何危险，更何况其中许多邦国如今仅仅像是零星散布于普鲁士境内的斑点。然而俾斯麦毕竟也跟德意志民族主义缔结了盟约。他必须向德意志民族主义者有所交代，至少要给他们一些东西，让他们觉得那是德国统一大业的"首付款"。此外他还曾经答应过，要给他们一个透过自由普选产生的德意志国会——一个德国的议会，而非普鲁士的议会。毕竟普鲁士的民主化，是他最后才打算同意的事情。结果他找到一条出路。他发明了"北德意志邦联"。[8]

北德意志邦联是一个稀奇古怪的架构。普鲁士在1866年进行并吞之后，全国百姓已多达两千四百万人，其余二十二

---

7 各座汉萨城市指的是1866年战争时支持普鲁士的汉堡、不来梅、吕贝克。
8 北德意志邦联（Norddeutscher Bund）或译为"北德同盟"，成立于1866年8月，原本是一个以普鲁士为首的军事同盟，1867年7月成为君主立宪的邦联，1871年1月纳入南德四邦——巴伐利亚王国、符腾堡王国、巴登大公国、黑森大公国（黑森—达姆施塔特）——扩充为"德意志国"（在1919年以前等同于德意志帝国）。

个北德意志邦联成员国的人口总数却只有六百万。有一位普鲁士自由派人士称之为:"一只狗儿跟它身上跳蚤的共同生活"。但不管怎么样,二十二个小邦国的地位表面上都和那一个大国相同——就此意义而言,北德同盟是一个邦联。可是它又获得了一个"国家议会",一个在全体成员国境内透过全民自由普选而产生,并且基本上握有立法权和预算审查权的议会——就这方面来说,北德同盟则是一个联邦国家。此外它更应该提供一个框架,以便有朝一日时机成熟之后,也有办法将南德各邦一并纳入。普鲁士本身则无论如何都应该继续维持原来的模样。那是个"化圆为方"一般的难题。

俾斯麦本人似乎也相当明白,他做出了自相矛盾的事情。在制订《北德意志邦联宪法》的过程中,俾斯麦所发出的指令为:"其形式必须比较接近邦联,不过在实务上应该透过具有弹性,不引人注目,但是涵义广泛的表达方式,使之具备联邦国家的性质。"然而实际进行的方式依旧不清不楚。我们可以感觉到,俾斯麦这一回也不完全晓得,他自己到底想要的是什么东西。他以完全不符合自己惯常风格的方式,允许1866年选出的北德意志邦联"国家议会",对其宪法草案做出不下四十项修正。其中包括了最重要的一点:若按照俾斯麦原先的宪法草案,"邦联总理"只不过是普鲁士派驻"邦联参议院"的代表,由一位听命行事的高阶官员负责担任。最终通过的宪法版本却让"邦联总理"负责掌管邦联的整体政策,迫使俾斯麦不得不亲自出任此职。俾斯麦从此兼任两个职务：他同时是普鲁士首相和北德意志邦联总理。过了四年以后，"北德意志邦联总理"又脱胎变成"德意志国总理"——最晚从这个时候已经十分明显，总理一职是那两个兼任职务当中比较重要的一个；而且俾斯麦已在无意之中，以及在不完全清楚自己这一次究竟做出什么的情况下，实际上导致普鲁士"成为间接属国"。[9]

北德意志邦联还没有自称为"国"（即便它已经拥有一个北德意志"国家议会"），普鲁士国王固然是北德意志邦联的元首，但他尚未称帝，而只是一个非人格化的中性名词——"主席团"。[10] 这些"虽不起眼但是意义深远的称呼"仍在相当程度内隐藏了一项事实，此即每一个普鲁士人从今开始都可谓拥有双重国籍：一个范围较小的普鲁士国籍，以及一个范围较大的北德意志国籍（四年以后则为德国国籍）。他票选两个议会：按照三级选举制投票选出普鲁士邦议会，以及透过全民普选投票选出北德意志（后来则是德意志）国家议会。当他服兵役的时候，是同时在两支军队里面服役：普鲁士陆军以及邦联陆军，而普鲁士陆军仅仅为后者的一个

---

9 "成为间接属国"（Mediatisierung）之概念来自神圣罗马帝国，翻译成白话就是：丧失独立邦国的地位。
10 北德意志邦联的下议院叫做"国家议会"（Reichstag）；上议院则叫做"邦联参议院"（Bundesrat），由普鲁士国王兼任"主席"（das Prasidium）。那个主席头衔在今日看来相当奇特，一则"Prasidium"是中性名词，再则它在现代德文意为"主席团"或"主席职务"。

组成部分，即便它是遥遥领先的最大部分。同时饶有趣味的是，军事预算的审查权已依据《北德意志邦联宪法》，从普鲁士邦议会落入了邦联"国家议会"的手中——或许这是最显著的迹象，表明普鲁士果然正准备融入一个较大的政治整体。既然连本国军队的规模都再也无法自行决定了，那么普鲁士还能算是什么呢？

但只要继续停留在北德意志邦联的阶段，一切都还能够藉由普鲁士实际凌驾于那些小伙伴之上的巨大优势来加以掩盖。可是一旦南德各邦也都加入之后，那就很难继续遮掩下去了，因为普鲁士的优势地位势将显著降低。普鲁士在此情况下固然仍旧是遥遥领先的最大单一德意志邦国，但毕竟只不过是如今已扩大许多的整体里面的一个单一邦国罢了。这个更大的整体，而不再是普鲁士本身，将会制定最重要的法律来规范个人的生活，以及针对外交政策做出攸关国家命运的决定——也包括普鲁士那个成员国的命运。俾斯麦自从创建北德意志邦联而开始走上这条路以来，走到最后只会意味着普鲁士独立性的结束，亦即普鲁士融解于德国之中。

可以完全确定的是，那绝非俾斯麦所愿——至少他一直都不想出此下策，直到他眼睁睁地发现，原来那已经在他自己的手中成为事实。俾斯麦流传至今的言论当中，没有直接证据显示他曾经清楚地预见此事。不过他在1866年至1870年之间所做出的许多声明，却可让人从中得出结论，认为他并不急于将德国的统一继续扩大到北德意志邦联之外。而且我们经常可以感觉出来，有关扩大德国统一的想法让他心中有些忐忑，某种直觉使得他踌躇不决。1869年的时候，他向普鲁士驻慕尼黑大使发送了一份著名的指示：

> 透过武力来促进德国统一的做法，我也认为并非不可行。然而另外一个完全不同的问题却是：应如何负起责任决定要用暴力导致一场灾难，并且承担后果来挑选行动的时间。若一意孤行、纯粹遵循主观因素来干预历史发展的话，所造成的结果将永远只是打落了尚未成熟的果实。德国的统一在此刻仍然是一个未成熟的果实，我相信这是有目共睹之事……我们固然可以把时针往前拨，时间却不会因此移动得更快，而静观事态发展的能力，正是务实政策的先决条件之一。

这可不像是狂热德意志民族主义者的言论。但它至少提供了一种说法，让人得以一窥，是什么原因促使俾斯麦倾向于以充满哲学意味的冷静态度，来拖延将"北德意志邦联"扩充为"德意志国"的时间。王室事务部长施莱尼茨曾经向他表示："我们绝对不可继续前进，除非我们的普鲁士军官储备量已经足够。"而俾斯麦回答道："我虽然不便把它公开表达出来，但那正是我整个政策的基本构想。"如果他果真有此想法的话，那么就连北德意志邦联都已经是偏离其政策的第一步了，所以不难理解为何俾斯麦怯于踏出更大的第二步。

但无论如何,俾斯麦自己于晚年也对此添油加醋的一种观点——"俾斯麦曾在1870年之前的那些年头积极致力于策划对法作战,以便藉此完成德国的统一大业"——根本就是神话。1866年以后与1866年之前,俾斯麦在政策上的差异形成了跃然眼前的强烈对比:起先是近乎闹哄哄的举动,总是刻意制造、激化和解决纷争,而且目标十分明确。接着却是强调静观其变和息事宁人,一再设法闪避迫在眉睫的冲突,同时心中显然拿捏不定,不晓得是否该把北德与南德更紧密地结合起来。俾斯麦曾在1867年做出一个极不受德意志民族主义者欢迎的妥协,化解与法国为了卢森堡而开战的危机,其妥协措施当中并且包括普鲁士的撤军。[11] 1869年他更否决了巴登大公国申请加入北德意志邦联的提案,因为他觉得那是对法国的不必要挑衅。[12] 甚至连俾斯麦在1870年初说服国王,同意让霍恩佐伦家族的旁支推出西班牙王位继承人一事,也没有被俾斯麦使用于挑起战争(经过一百多年来翻箱倒柜式的详细研究,现在我们已可确定此事),它反而被

---

11 维也纳会议结束后,由尼德兰国王兼任卢森堡大公,但卢森堡仍然是德意志邦联的成员国,而且卢森堡市还是德意志邦联的要塞,由普鲁士派兵驻守。1867年3月23日,荷兰国王威廉三世准备把卢森堡卖给法皇拿破仑三世(开价五百万荷兰盾),几乎导致北德意志邦联与法国开战。最后欧洲列强和相关各国于同年五月在伦敦签订条约,结果那笔交易遭到取消,普军撤出卢森堡,卢森堡大公国则拆毁要塞并成为独立的中立国。

12 巴登大公国隔着莱茵河与阿尔萨斯面对面相望。

使用于吓阻法国的军事冒险行动。俾斯麦称之为一座"西班牙和平的涌泉",并希望让它一直源源不绝。按照俾斯麦的估算,西班牙固然绝不可能对法国构成威胁,可是法国背后既然出现了一个不安全的西班牙,或许能够让法国的好战派稍微知所收敛——他们曾在1870年之前要求"为萨多瓦复仇",并千方百计设法拼凑出一个与奥地利和意大利的同盟。这回俾斯麦直到最后一刻才决定作战,而且那是在法国表现出过激反应,逼得他只能在战争和屈辱之间做一选择的时候。即便如此,他还是让法国做出宣战的动作。

1870年：一场意外与一个即兴创作

1870年至1871年的战争截然不同于1864年和1866年时的战争，并非俾斯麦所刻意寻求的对象。俾斯麦事先甚至没有主动把它列入考虑，那场战争对他而言是一个意外和一个即兴创作，并且曾在几个月的时间内脱离了他的政治掌控。在刚开始的时候，那场战争只不过是"霍恩佐伦"和"波拿巴"两个王朝的面子之争，结果它却演变成德法两国之间的全民战争。两国于此际爆发出来的强烈民族仇恨，主要是被来自拿破仑一世时代的回忆所激起，跟1870年导致开战的实际原因反而比较无关。那是一个让俾斯麦觉得可怕的新现象：情况突然与1864年和1866年的时候有所不同，交战的双方已经不再是国家，而变成了民族。俾斯麦从此以后所面临的问题，就是应该如何遏阻双方民族主义狂潮的爆发。我们必须从这个背景来同时检视他的建国行动，以及他在和约中所列出的条件（尤其是强迫法国将阿尔萨斯—洛林割让给新成立的德意志国）。二者实为一体之两面。二者都是俾斯麦针对法国复仇战争所做出的预防措施，因为他从当前战争中沸腾的法国民族主义情绪已可看出，那场复仇战争未来势将发生。但奇怪的是，他甚至早在决定建国之前，就已经决定要兼并阿尔萨斯—洛林。我们几乎可以表示，正因为先有了后者，接着才出现前者。

1867年爆发"卢森堡危机"的时候，俾斯麦仍然拒绝兼并阿尔萨斯。他当时的讲法，今天听起来简直像是预言：他说道："纵使普鲁士打了胜仗，那又将如何呢？赢得阿尔萨斯之后，就必须加以固守，结果法国人又去找来盟友，然后情况恐怕会变得非常糟糕！"其中有趣的地方是，俾斯麦早在当时就已经把击败法国与兼并阿尔萨斯（但尚未考虑到洛林）自动连结在一起了。俾斯麦始终深信不疑，法国绝不会对战败释怀；如今"内阁战争"已变成了"全民战争"，他的态度只会更加如此。既然有法国展开一场报复战争之虞，那么南德地区将会是普鲁士防御最薄弱之处。俾斯麦很喜欢引用符腾堡国王昔日说过的一句话："只要斯特拉斯堡继续被一个不断耀武扬威的强权使用为攻击发起地，我就必须担心……友军前来驰援之前，我的国土早已被外敌的军队淹没。"俾斯麦如今往往把斯特拉斯堡称作"打开我们房门的钥匙"，既然现在他认为日子久了以后法国必定会成为敌人，那么他宁愿把这枚钥匙保管在自己的口袋里。但是基于地理因素，那个口袋不可能是普鲁士的口袋。要有办法让普鲁士的军队驻扎在阿尔萨斯—洛林，就必须从德国获得授权来那么做。俾斯麦为了兼并阿尔萨斯—洛林，于是循序渐进，先需要一个统一的德国。

俾斯麦之所以需要一个统一的德国，理由也在于让自己能够对南德各邦感到放心。无论在巴伐利亚还是在符腾堡，尤其是在黑森—达姆施塔特，当地君主和政府于1870年刚开战的时候，都不打算马上向普鲁士履行盟友的义务。是百姓之间猛烈爆发的仇法情绪（而非对普鲁士的爱意），才迫使他们终于遵守了盟约。俾斯麦不希望将来面临类似情况的时候，必须再度依靠南德各邦君主摇摆不定的盟约忠诚度，或者南德地区的民间情绪。这么一来，他就不得不硬着头皮继续向前，远远走出"普鲁士军官储备量"足以应付的范围之外：他必须把北德意志邦联扩大成为一个涵盖全德的联邦国家，即便这将意味着削弱普鲁士的超强地位，以及给到处熊熊燃烧起来的德意志民族主义火上加油。

其间俾斯麦的主要需求之一，就是要疏导德意志民族主义（亦可说是为了堵住它的嘴巴），不使之成为一股真正的势力。对俾斯麦来说，德意志民族主义是普鲁士有用的盟友；但德意志民族主义绝对不是他自己的事情。既然大环境现在逼迫他统一德国，他同时只好不断设法避免让德国过于统一。在新德国里面必须给各个邦国留下足够的活动空间，这样才不至于损及普鲁士本身的优势地位。早在建立北德意志邦联之初，俾斯麦有一次就已经写道："我们"（普鲁士）可以成交"很好的生意"，如果能够采取对策来因应新架构势将产生的联邦性质，避免使得邦联的色彩过度退居幕后的话。1871年建立帝国的时候，他更加仔细地顾虑到这一点。

所以当他分别与南德各邦在凡尔赛宫进行协商的时候，对他们所极力争取的各种特权和保留权利几乎是有求必应。南德各邦当然都已经看了出来，合并以后势将导致他们丧失自主权（被降格成为"间接属国"），于是他们秉持任何国家天生具备的自保本能，极力加以抗拒。这正好合乎俾斯麦的心意：南德各邦在未来德意志国家里面所保留的自主性越多，普鲁士也就可以享有更高的独立性——以及越能够继续维持自己的霸主地位。他几乎答应了南德各邦代表所想要的一切东西；巴伐利亚表面上更几乎仍然是一个自主的国家，拥有自己的军队和自己的外交机构。这使得德意志民族主义者大表愤慨，因为他们觉得俾斯麦为了德国的统一，应该从那边挤出更多东西来才对。但那正是俾斯麦所不希望做的事情。他想要一种保持平衡的状态，一个基本上仍然介于联邦国家和邦联之间的东西；德国应该"足够统一"，以便在战争时期笃定能够同舟共济；但也应该"不够统一"，以便在和平时期仍可看出它是由许多不同邦国所共同构成，而普鲁士是其中最强大的一个，并且居于主导地位。

最后在凡尔赛宫实际谈出来的结果，并无特别鼓舞人心之处：北德意志邦联的扩充，同时也意味着联邦关系的松弛化。如果只是从宪法政治的层次来看，我们几乎可称此结果为一个比较紧密的北德意志联盟，和一个比较松散的全德意志联盟；对真正统一的德国满怀憧憬之人，只会看得大皱眉头。例如"国家自由党"的重量级议员拉斯克，曾经在北德意志邦联议会批评道:"再丑的媳妇还是得见公婆。"不过俾斯麦现在有了一个绝妙的主意,能够给苦药加上糖衣:他把被他自己降生到世上的那个"丑媳妇"命名为令人发思古之幽情的"德意志国"(Deutsches Reich);"邦联参议院"由普鲁士王担任的非人格化"主席团",则被他更改名称叫做"德意志皇帝"(Deutscher Kaiser)。

"皇帝"与"帝国"——它们都是会令人心跳加快的字眼,并且能够一掌打死许多只苍蝇。它们原本是1848年"法兰克福国民议会"旧有的要求;如今得到实现之后,想必可让当年的民主派民族主义者心满意足。但它们天生就完全不属于民主主义和民族主义的概念:古老的"德意志民族的神圣罗马帝国"始终只是一个松散的诸侯邦国联盟,绝非一个民族国家,皇帝则是由诸侯而非百姓选举出来的。俾斯麦如今也精心做出安排,由各诸侯国的君主向他的国王奉上德意志皇冠(他曾支付大笔贿赂来争取巴伐利亚国王的同意);北德意志邦联议会则仅仅获得许可,谦卑地出面恳请国王不要拒绝德意志诸侯们的提议。于是"皇帝与帝国"既能够让民主派和诸侯们感到满意,同时又在一般百姓那边撩拨了浪漫主义的心弦——或许比较好的讲法是:让心弦如钟声般地响起。既平淡无奇又略带矛盾的普鲁士—德意志新国家架构,从而闪耀着昔日千年伟大历史的光环,把自己呈现得活像是充满传说色彩的"萨克森王朝"与"斯陶芬王朝"

帝国之复生。[13] 更何况普鲁士国王从此挂上的皇帝头衔，效果十足地突显出俾斯麦务必要让他的普鲁士在新帝国内享有的主导地位。

这个做法天才横溢，同时却又自相矛盾！从历史的角度来看待普鲁士成为帝国建立者一事，其令人匪夷所思的程度简直不亚于让马丁·路德担任教皇。我们不妨回顾一下：当初之所以能够建立起普鲁士王国，完全是因为"普鲁士"——东普鲁士——此际不属于神圣罗马帝国，而为波兰王室的采邑，同时普鲁士国王起初只能自称为"在普鲁士的国王"。等到他后来终于当上了"普鲁士国王"，又变成帝国永远的眼中钉肉中刺。迥异于奥地利深深植根于帝国历史之中，在帝国内部成长茁壮，从未完全与帝国理念分离的做法，普鲁士反倒像是一个打对台的国度，一个反帝国，而且其本质也就是如此。帝国既古老又残破（到了最后几乎再也不可能按照国际法来对它做出定义），是一个泛欧洲性的神话，起源自古罗马。普鲁士却熠熠生辉和新意盎然，是一个缺乏任何历史光环的纯粹理性国家。它完全只是列强之一、完全秉持精打细算的国家利益至上原则，更何况它并非中世

---

13 萨克森王朝又名"奥图王朝"（Ottonen, 919—1024），其国王（东法兰克国王）奥图一世在公元962年成为"罗马皇帝"，被视为神圣罗马帝国之滥觞。斯陶芬王朝（Staufer, 1138—1254）亦称"霍恩斯陶芬王朝"（Hohenstaufen），其最著名的皇帝则是腓特烈一世（"巴巴洛萨"）。斯陶芬王朝时代相继出现"神圣帝国"（1157）和"神圣罗马帝国"（Sacrum Romanum Imperium, 1254）等讲法。这个国号最后在十五世纪末逐渐演变成"德意志民族的神圣罗马帝国"。

纪的产物，反而来自启蒙运动时代。有朝一日偏偏竟然是由普鲁士来重振帝国——若是在古典时期的普鲁士，每一个人都只会将此等情事当成笑话看待。

在1871年的时候，"皇帝与帝国"起先固然看起来仅仅像是一套既漂亮又仿古浪漫的老德意志外衣，被拿来包装一个崭新而现代的东西：德意志资产阶级的民族国家。可是我们已经在前面看见过，事情不仅于此而已：最起码它偏离了正常的民族国家，成为一个转移注意力的行动。俾斯麦便打算拿它来取悦每一个人——王公贵族和资产阶级民族主义者、南德百姓和北德百姓、普鲁士人和非普鲁士人——却又没有让其中任何人完全得到自己实际上真正想要的东西。

俾斯麦至少于当下的时刻获得了成功，但只有在一个人那边除外：他自己的国王。对年迈的威廉一世而言，皇帝与帝国——按照他自己的说法——意味着"向普鲁士道别"。威廉一世已经预告出来，他从此以后挂上的皇帝头衔，将使得普鲁士的国王头衔黯淡无光。他充其量只想当"德国皇帝"（就如同他迄今是普鲁士国的国王一般），亦即让德国融入普鲁士，而非让普鲁士融入德国。[14] 如果此事行不通的话——"那么我何必当这种名誉少校呢？"（"名誉少校"指

---

14 但德皇威廉一世的头衔并非"德国皇帝"（Kaiser von Deutschland），而是德意志皇帝（Deutscher Kaiser）——表明他只是被拥戴出来的共主，地位与其他德意志诸侯们平等。

的是退伍时获得少校头衔做为安慰奖的上尉们。）他甚至直到最后关头都还打算让拥立德皇一事无疾而终，并且表示有意退位。（"弗里茨[15]应该来处理这档子事。反正他全心全意向着新的情况。可是我一点也不为所动，会继续把普鲁士坚守下去。"）等到俾斯麦一如既往地终于——在拥立德皇典礼的前一天——说服国王让步之后，国王流着眼泪说道："明天是我一生当中最不快乐的一天。我们会把普鲁士的王位抬进坟墓。"

俾斯麦在写给妻子的一封信函当中，将此事贬低为国王突发奇想的情绪性反应。后来大多数历史学家的观点也相当类似，认为那顶多只能算是一位老人家对陈旧过时事物的黯然神伤。当时大多数人的看法如此，大多数普鲁士人亦然。可是那位老国王的目光比大多数人更加深远。1871年1月18日——普鲁士第一位国王在柯尼斯堡加冕一百七十年后的同一天——随着凡尔赛宫里面拥立德皇的仪式，开始了普鲁士的缓慢死亡。

---

15 弗里茨（Fritz）指的是威廉之子，后来只当了三个月皇帝的腓特烈三世（Friedrich III., 1831—1888）。

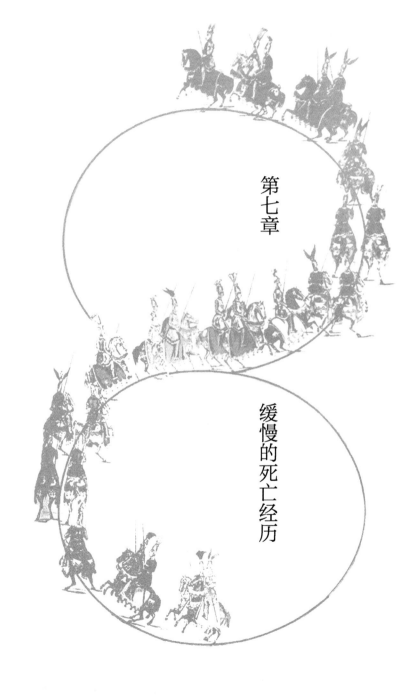

第七章

缓慢的死亡经历

俾斯麦曾在晚年预见了普鲁士和德国所将面临的灾难。他被免除帝国总理职务之后,怒气冲天地表示:"腓特烈大帝去世二十年后,便有了耶拿的败绩。如果再继续像现在这般处理政务的话,国家将在我死后二十年崩溃。"俾斯麦去世于1898年。二十年后正好是1918年。

而1932年7月20日的"普鲁士政变",则标志出普鲁士国家地位真正结束的时间。德意志国总理巴本于总统全面授权下,在当天罢黜了普鲁士邦政府,各个政府部会遭到国防军占领,部长们则在暴力威胁下,被迫离开自己的办公室。普鲁士从那天起成为一个"国家直辖地",没有自己的政府,被德意志国政府顺便一起统治。这是其自主国地位之终结——普鲁士的末日。

无论我们做何感想,那都是一个凄惨的结束——不仅仅是这个既短暂又可敬的普鲁士共和时代之结束,同时也是整部普鲁士历史的结束。

普鲁士尽管最后仅仅置身虚无缥缈间，但它还是继续在德国内部存在了七十五年，接着才在1945年与德意志国一同走上末路。然而那四分之三个世纪当中，德意志国的历史与普鲁士的历史却不重合，它们甚至还不平行运作，反而南辕北辙。德意志国欣欣向荣，并且变得越来越强大；普鲁士却地位下降，在德国内部日益欲振乏力。1871年至1945年之间的德意志国历史，是一部紧张刺激、高潮迭起，既气势恢宏又骇人听闻的历史；同一时期的普鲁士历史却只不过是天鹅之歌，以及真正的普鲁士历史所留下之回响，不断沦落到只具有地方性的意义。德国直到于1945年名副其实地土崩瓦解之前，曾经在整整六个可怕的年头里面让全世界屏息凝神；那六年期间却早就没有任何人对普鲁士感兴趣了，甚至就连对它自己的百姓来说，普鲁士也不再是活生生的现实。它已经融解于德国之中，应验了腓特烈·威廉四世国王早在1848年的时候，于自己清醒之际所做出的预言。[1]

---

[1] 腓特烈·威廉四世在1848年革命爆发十年之后精神完全错乱，由其弟威廉从1858年10月开始摄政。

国家意识上的革命

但怎么会这样呢？德意志国不是由普鲁士建立起来的吗？难道普鲁士没有在1871年成为德国的霸主吗？它不是在俾斯麦的帝国里面掌握了各种"宪法王牌"而全面享有优势，以致人们往往可以把当时的德国称作"大普鲁士"吗？怎么可能所有的那些王牌打出去以后都未能奏效，结果普鲁士非但无法支配德国，反而还越来越不加抗拒地输给德国，最后竟然在德国里面融解了呢？那么它究竟融解于何时？是1890年俾斯麦下台的时候？1918年君主政体告终之际？1932年普鲁士政府遭到中央政府罢黜以后？或者是在接下来几年的时光，直到各个邦国分别被任命了"国家总督"[2]，并且被改组成"国家行政区"为止？

所有这些事件和年代数字，毫无疑问都代表了不同的阶

---

[2] 纳粹政权从1933年4月7日开始在各个邦国设置"国家总督"（Reichsstatthalter），以便将地方与中央"同步化"；1934年1月30日更立法取消各邦国的自主性，摧毁了德国的联邦体制。普鲁士"国家总督"由奥地利人阿道夫·希特勒亲自兼任（1933—1935），巴伐利亚人赫曼·戈林则担任"普鲁士总理"（1933—1945），以及代理"总督"（1935—1945）。

段，共同标志出一个很贴切地被称作"普鲁士身后历史"的发展过程。然而我们无法表示，它们都是具有决定性意义的转折点，使得一切发展从此变得大不相同。其实它们每一次都只不过是勾勒出某种已发生的事件，呈现了人们于事发当时的不加抗拒，以及感觉事情早就无法避免。它们每一次都只能证明，普鲁士国家在此之前又消失了一部分的生命力。每一次新消失的生命力，都只会给一个既缓慢又无法遏止的死亡过程带来新的推动力。如果我们现在想问，这个既可怕又无形的过程究竟始于何时，而且到底是什么事情促成它的发生，那么答案只有一个。真正断了普鲁士命脉的决定性事件，只可能是建立德意志国的行动——普鲁士的这个至高胜利，仅仅在表面上使得普鲁士成为德国的主宰者。旷日持久之后却只能证明，普鲁士在与德国融合的过程当中早已无能为力，尽管它似乎享有权力政治方面的一切优势，而且俾斯麦曾经把各种宪法巧门和防护措施安排妥当。普鲁士就仿佛被里尔克的天使骤然拥入怀抱的那个人一般，"因为他较强大的存在而消散"。[3]

若有谁觉得这听起来过于神奇怪诞的话，那么不妨改用黑格尔一个著名的讲法："如果概念的国度有了革命性的改

---

[3] 里尔克（Rainer Maria Rilke, 1875—1926）是奥地利诗人，"天使"一说则来自其《杜伊诺哀歌》（*Duineser Elegien*）的开头部分：谁——若是我呐喊——将从天使的序列听见我？即便其中一位骤然将我拥入怀抱，我也会因为他较强大的存在而消散。因为美丽无非是恐怖事物的开端……每一个天使都是恐怖的。

第七章 缓慢的死亡经历

变,现实的世界便将难以为继。"俾斯麦1871年在德国创造出来的现实,的的确确一面倒地有利于普鲁士。普鲁士国王成为德意志皇帝,普鲁士则主导"联邦参议院",指派帝国总理,选举出最多的帝国国会议员,而且不但构成帝国武装力量的核心,还按照普鲁士模式改造了其他邦国的军队。每一个德国人服兵役的时候,都"走去普鲁士人那边"——此为当时的一句民间俗话,借此凭着直觉来掌握复杂的政治关联性(今日的役男则是"去联邦那边")。俾斯麦帝国以违反宪法的方式,成为一个介于联邦和邦联之间的东西,而普鲁士便在其中明显享有政治上与军事上的主导地位。

然而俾斯麦同时却在不完全清楚自己做出什么事情的状态下,"革命性地改变了概念的国度"。在德国人的概念当中,德意志国是他们渴望已久的民族国家;"皇帝与德国"这些响亮的字眼,则进而唤醒了尘封已久、有关普世权力与威势的古老概念。德国人普遍的观感为:普鲁士建立德意志国之后,已经履行自己的历史任务,完成了自己的"德国使命"。大家固然应该对它表示感激,但普鲁士已随之变得多余。它失去了存在的目的,其独立国的地位已经不合时宜,纯粹成为一个"纪念协会",成为德国历史上一个光辉灿烂的段落——从此可以把它如同博物馆内的展品,或者摆放在陈列柜里面的奖杯一般看待。

这场"国家意识上的革命"不仅发生在普鲁士以外的德国,同时更出现于普鲁士本身。毕竟普鲁士人,至少其绝大多数的百姓，也都是德国人。如今建立德意志国以后，他们的德意志民族意识获得了着力点，于是无论在力道或深度方面都远远凌驾其旧有的普鲁士国家忠诚之上。在德国西部和西北部的新普鲁士地区——"必须成为普鲁士国民者"的地区——自然更加如此。它们是在1815年以后，有的甚至刚刚在1866年才加入了普鲁士，而且绝大多数的时候从未以普鲁士的身份经历过普鲁士的历史。不过就连老普鲁士地区的情况也相差无几。例如柏林如今以"帝国首都"这个新头衔为傲，几乎不再想到自己同时也还顺便是普鲁士王国的首都，以及国王的京城。相形之下只能确定的是，慕尼黑、斯图加特和德累斯顿——以及它们所代表的地区[4]——在新成立的德意志国里面所保留的特殊邦国意识与部族意识，远远多过了柏林和普鲁士。

如果我们停下来对此思索片刻的话，应不难发现解释的理由何在：普鲁士人正好由于是他们自己建立了德意志国的缘故，而且如今又自视为其真正的支柱，于是能够更加快速和轻易许多地完全认同德意志国（"他们的"德意志国），以致可谓忘记了自己独特的国家身份。除此之外，他们不同于巴伐利亚人、施瓦本人和萨克森人，并非单一的部族；其部族意识比德国南部要来得薄弱，而且顶多只会出现在普鲁士

---

[4] 慕尼黑、斯图加特和德累斯顿分别是巴伐利亚王国、符腾堡王国与萨克森王国的首都。

的各个省份，在东普鲁士人、西里西亚人、波美拉尼亚人和勃兰登堡人那边。可是普鲁士做为一个整体，则既缺乏部族的基础又没有民族的根柢。它向来纯粹只是一个国家，一个人工化的权力架构与理性架构。人们只是出自偶然才会成为普鲁士国民，有时则或许也基于自愿的行动（"吾乃普鲁士人，愿为普鲁士人！"[5]），但没有人是天造地设的普鲁士人，不像德国人或者像巴伐利亚人和萨克森人的身份那般自然而然。如今等到这个脆弱的人工产物和理性国家开始跟自己打对台，亦即与第二个和更大的国家——恰巧是德意志国——迭床架屋之后，也就难怪其国民的普鲁士国家意识，很快便让位给他们新近被唤醒的德意志民族意识。更何况这两种忠诚意识之间的差异，就好比是清水和烈酒。想当普鲁士人，那始终是一件理性十足的事情，其中涉及了服从纪律、端正举止和履行责任。可是德国人的身份，而且现在又当上了德意志皇帝的臣属和德意志国的国民，那只会让人热情洋溢并且陷入沉醉。"德国，德国超越一切"——这首歌曲在德国还没有成为政治现实的时候，早早就已经出现[6]，却从来没

---

[5] 这句话摘自普鲁士国歌（*Das Preußenlied*）的第一段歌词：吾乃普鲁士人，你可知我颜色？黑白旗帜在我面前飘扬……无论天色昏暗或阳光普照，吾乃普鲁士人，愿为普鲁士人！

[6] 此句来自《德意志之歌》（*Das Deutschlandlied*）的第一段歌词：德国，德国超越一切……超越世上的一切。

《德意志之歌》填词于1841年，"一战"结束后在1922年成为德国国歌，二战结束后在1952年被德意志联邦共和国恢复使用为国歌（但不可再唱"德国超越一切"）。

有人起心动念,觉得应该唱出"普鲁士超越一切"。

这种意识上的转变从来都没有变成"新闻",从来都没有成为"事件",却仍然是一个划时代的发展。它不仅出现于民间,并且更以同等强度席卷了国家的中坚阶层——政治人物、官员和部长,甚至还包括统治者家族。在凡尔赛宫拥立德皇的时候,威廉一世早就痛苦万分地预见了这种发展,而且他宁愿只是继续担任普鲁士国王。尽管如此,现在他既然变成了"老皇帝",只得发挥普鲁士的责任心来扮演好那个崭新、更大,以及违反其本意的角色。威廉一世的儿子,那位永远的皇太子,却完全融入了德皇的角色;当他1888年登基的时候已经病入膏肓,结果仅仅在位短短三个月的时间,但他仍希望只被称做"腓特烈皇帝",而非"腓特烈三世",因为后者会让人联想起他同时握有的普鲁士国王头衔。最后威廉二世就只纯粹是"皇上"了,虽然他也还是普鲁士国王,而且普鲁士依旧是一个既置身帝国之内又与帝国平行的国家——居主导地位的国家——但那些对他而言都已经完全成为虚幻渺茫的概念。1892年夏天,他曾针对此事向其亲信奥伊伦堡做出一个特色十足的声明,奥伊伦堡则把内容记录了下来。皇帝表示:"俾斯麦侯爵有一次告诉我的说法,让我始终不怎么摸得着头绪。我不明白其用意何在,而他的想法后面显然另有企图。他向我表示:'对德意志国意思意思一下就好。[7] 请您设法只让普鲁士保持强大,不必在乎其他人会变得怎样。'我从中看见了为我设下的某种圈套。"

那并不是圈套。俾斯麦正如同他经常所做的那般,以令人惊讶和容易造成混淆的方式,坦率说出了自己真正的想法与感觉。这位帝国的缔造者——几乎孑然一身——从里到外都还继续是普鲁士人。对他来说,德意志国并非目的本身,而是一个人为安排,借以将普鲁士的权力地位扩充到普鲁士国界之外。那么从这个角度来看,俾斯麦对这种安排所抱持的态度,的确很快就只会变得"意思意思"即可。

为了达到自己的目的,俾斯麦同时缔结过两个相互矛盾,而且都不完全真心诚意的同盟。他一方面是与德意志各邦国的诸侯结盟,让他们表面上继续保留自主权、君主头衔以及宫廷排场,使得他们屈居普鲁士之下的事实变得比较可口。另一方面则是和"德意志民族",亦即跟自由派和民主派的德意志民族主义结盟,使之得以实现1848年的伟大目标(皇帝和德国),此外并让他们获得一个透过自由选举产生的德意志国家议会——即便俾斯麦当然只想给它一个鼓掌叫好者的角色。与王侯们之间的一切大致都进行得还算功德圆满。可是德意志民族和德意志国家议会却让俾斯麦大失所望,他们非但不表示感激,反而还提出苛求。在俾斯麦只想

---

[7] 俾斯麦话中的"意思意思"(soso lala),亦可翻译成"马虎马虎"或"敷衍敷衍"。

伸出一根小指头的地方，他们却贪得无厌地抓住了整只手掌。

俾斯麦的国王与皇帝虽曾在刚开始的几个年头跟他起过激烈争执，后来却不再给他找麻烦了。就连往往被人言之凿凿宣称的南德"地方分离主义"，也只不过是一个表面上的问题而已——不管巴伐利亚人再怎么喜欢怒骂"普鲁士猪"（Saupreußen），从来都不必担心巴伐利亚果真会闹独立。但帝国国会很快便令普鲁士人俾斯麦真正感觉毛骨悚然。这个透过自由选举产生的德意志议会，从一开始就让按照三级选举制间接选出的普鲁士邦议会完全相形见绌。帝国总理必须一次又一次地在帝国国会登台，进行令人精疲力竭的辩论——结果普鲁士首相俾斯麦日益被笼罩在帝国总理俾斯麦的阴影下，令他自己大为恼火。帝国国会里面最能够清楚呈现出我们曾经提到过的"意识上的转变"：普鲁士特有的国家意识已遭到势不可当的德意志民族意识排挤。俾斯麦虽能察觉此事，却没办法指名道姓斥责这个难以捉摸的敌人。他甚至还必须不断把它挂在嘴上吹捧，以免危及自己与德意志民族主义的同盟——或者表面上的同盟。

普鲁士的撤退战

俾斯麦反而抨击他自己所称的"党派精神",但那其实只不过是国家的民主化进程于蓬勃发展之际,自然而然会产生的现象。帝国总理俾斯麦的两大国内政治斗争,分别是以帝国里面立即组成的两大德意志全民政党为对象:此即天主教徒的"中央党",以及"德国社会民主党"。他称之为"国家公敌"。但它们其实才是真正属于德意志国的政党,而且一直存续至今——"中央党"已在扩及于所有的基督徒之后,更名为"基督教民主联盟"。俾斯麦企图瘫痪它们的尝试——以"文化斗争"对付中央党,以《反社会主义者法》对付社会民主党——使得十九世纪七八十年代在内政上充满了肃杀之气。这些事情便成为俾斯麦时代令人不快的主要话题。不过那两个案例当中也出现过正面的发展:在"文化斗争"期间推出了世俗婚姻和废止教会对学校的监督,在对抗社会民主党的时候则划时代地发明了社会保险。但是在政治方面,二者最后皆以俾斯麦的失败收场。中央党和社会民主党非但没有被削弱,反而不断变得更加强大。这些挫败解释了为何俾斯麦在遭到免职之前不久,曾经认真至极地打算解散德意志国，把它重新建立成一个诸侯同盟，并且废除帝国议会（或至少是废止国会选举法）。

俾斯麦帝国最初二十年内的国内政治氛围既令人不快又郁闷凝重，而俾斯麦便于个人权力与荣耀臻于鼎盛之际，在这二十年内日益愤懑不满。对这两种现象的解释是：俾斯麦在建国时期替普鲁士做出的规划未能奏效，德意志国并没有变成大普鲁士，反而自行发展出一种非普鲁士的存在形式，并且在普鲁士的头顶上方继续成长。俾斯麦于是发挥韧性和机智，甚至以粗暴的作风试图力挽狂澜，但只是白费力气罢了。他的创造物毕竟比他自己强大。不过只要俾斯麦还在，普鲁士也就依然存在。俾斯麦在1871年至1890年之间的国内政策，可以概略总结如下：它最后一次表达出普鲁士拒绝融解于德国之中的态度——然而那种拒绝方式徒劳无功。它是普鲁士最后所进行既漫长又不顺利的撤退战。

俾斯麦在1871年以后的国内政策难得受人赞誉，他的外交政策可就大不相同了。众所周知的是，俾斯麦出乎世人的意料，于推动"波拿巴式"充满动荡、危机，并且随时准备打仗的政策长达八年之后，变成了爱好和平的政治家。他曾在连续二十年的时间内捍卫与维护欧洲和平，就跟之前推动普鲁士的扩张、按照普鲁士的意思来解决德国问题时一般，运用了同样深谋远虑、冷静计算的高超技巧——我们甚至可以如此表述：发挥了同样的热忱。有一次，在1878年的时候,他是以"诚实的经纪人"之身份阻止了一场迫在眉睫的欧洲大战;而且他一直坚持认为,德意志国已经不再有必须"用剑征服"的东西。"我们是一个已经饱足的国家。"每当俾斯麦说出"我们"的时候,他暗中所指的始终是"普鲁士",而如果有人把他内政上令人不愉快的事物归咎给他强硬的普鲁士本位主义,那么也必须把他外交上的成就归功于他的普鲁士本位主义。

普鲁士在1871年以后的确是一个已经吃饱的国家,而且过于饱足——普鲁士的确再也不需要用剑来进行征服。普鲁士吞下的东西早已超过自己的消化能力,它已经吃撑了,现在它所需要的无非是宁静与和平。对普鲁士而言(再度套用俾斯麦的讲法),它现在已经"替德国时钟正确调好了往后一百年的时间";建立德意志国一事——另一句俾斯麦自己讲过的话——则"是'我们'能够苛求欧洲接受的最后一样东西"。普鲁士的利益,实际上就是俾斯麦一辈子的施政纲领,因此只要俾斯麦继续担任帝国总理,普鲁士便在外交方面成为德意志国的煞车。普鲁士既然已经吃饱,那么德意志国也必须以"饱足之国"的姿态现身——然而德意志国其实并没有吃饱。一等到俾斯麦下台之后,这种情况很快便暴露出来。身为民族国家,德意志国并没有饱足,因为还有千百万德国人继续留在国境之外。而身为帝国——刚出炉的大国以及欧洲的秘密霸主——甚至无法逆料其雄心壮志的上限究竟何在;"世界强权"与"世界政策"已经跃跃欲试,"生存空间"则只不过是两个世代以后的事情。只要俾斯麦——以及俾斯麦所代表的普鲁士——仍然决定了德国的外交政策,一切都还可以受到严格管束。普鲁士对德意志国1871年被创建时的规模已经心满意足,因此德意志国也应该对被创造出来的现状心满意足。这是俾斯麦和平政策的内在逻辑,然而在他下台之后却立即遭到放弃。德意志国最初二十年内的这种和平政策,在本质上则仍旧还是普鲁士的政策。

许多外国历史学家,尤其是英国的,但也包括德国南部和奥地利的历史学家,都不愿意正视此事。对他们来说,普鲁士是"万恶的根源"、德国的恶灵,以及导致德国和世界在二十世纪上半叶陷入灾难的真正原因。他们可以用两个看似合理的论点来左证自己的意见。

首先,在二十世纪的两次世界大战当中,德意志国的主要工具是它的陆军,而这支陆军——此说完全正确——主要就是普鲁士和"普鲁士军国主义"的杰作。但问题是:军方并没有在两次世界大战爆发之前决定德国的政策,也不曾催促开战;它甚至还极力设法劝阻第二场战争。

再则,普鲁士于其身为独立国的历史上,特别是在十八世纪(但最后在十九世纪又一度如此),都是一个进行征服的国家:它曾一再推动土地调整政策和扩张政策,而这种征服的传统——依据此论点更进一步的讲法——已被它所建立的德意志国继承下来,称得上是被注射了进去。此论点的第一个部分完全正确，然而它省略了一件事情：领土扩张政策是十八世纪通行的实务，而且普鲁士更由于长年以来的土地四分五裂，比其他国家还要依赖这种做法。第二个部分和决定性的部分，则根本是天马行空的幻想：普鲁士并没有让德意志国"继承"，或者向它"注射"征服的传统。普鲁士在1871年建立帝国之后已经实现目标，抵达其事业生涯的终点。随着德意志国的建立，它甚至已超出了自己伸展能力的极限。只要普鲁士在德意志国内部说话还有分量，亦即直到俾斯麦下台为止，普鲁士在德国外交政策方面一直是巩固现状、保持稳定、约束野心，以及维系和平的因素。这当然并非出自和平主义，而是着眼于针对国家利害关系所做出的冷静判断。只要普鲁士希望继续成为领导德国的力量——在俾斯麦的时代它还打算那么做——那么德国就绝不可以比现在更大。普鲁士对那个时候的德国已经无法真正"主宰"，它在俾斯麦的"小德意志国"早已赫然发现，自己一下子变得不断居于守势，甚至名副其实正处于"骑虎难下"的境地。在一个"大德意志国"，甚至在德意志"世界强权"里面，普鲁士的处境只会变得更加没有指望。

俾斯麦已经看出此事，但就连他也不再有办法阻止随后发生的一切。纵使在外交政策方面，他的创造物也比他自己强大。1871年以后再也没有了普鲁士的外交政策。普鲁士不再是一个独立的"国际法的主体"，德意志帝国已经取而代之；同时不管俾斯麦喜欢与否，德意志国是个跟普鲁士很不一样,而且比较大的东西:它已非欧洲东北部的区域性国度,不复具有范围有限、一目了然的国家利益,反而成为一个利益范围涵盖全欧洲,并且很快又扩大到欧洲之外的强权。

这种情形首度体现于俄国与英国之间严重的巴尔干危机,而它几乎在1878年导致欧洲全面陷入战争。调解危机的国际会议如今在柏林举行,其主席是俾斯麦,和平的条件则有赖于他那位"诚实的经纪人"。德意志国已然成为欧洲的仲裁者——这一种傲人的角色,是普鲁士所不可能也无意扮演的。但这种角色也不再有办法推动普鲁士的政策。俾斯麦必须以和平缔造者的身份,对打了胜仗的俄国掣肘;结果这意味着普鲁士—俄国百年友谊的结束,以及此后同样长达将近一百年的德国—俄国敌对关系之开端。它迫使俾斯麦很快便采取下一个步骤:与奥地利结盟,德意志帝国从此陷入这个最不具普鲁士风格的同盟,再也无法抽身而出。十九世纪八十年代的俾斯麦海外殖民政策也同样不符合普鲁士作风,而他是因为迫于德国海外企业的压力,以及"社会帝国主义"的宣传(把殖民地看成是摆脱严重经济衰退的出路),很不情愿地同意进行。[8] 那一切都再也无关乎普鲁士和普鲁士的利益。可是德国毕竟已经变得比普鲁士强大,而且在俾斯

---

8 哈夫纳在《从俾斯麦到希特勒》一书中对此事的内情做出了详细的补充说明(pp. 77-81)。

麦的时代早就如此,即便俾斯麦是从普鲁士的角度来思考,并且设法让"他的"德国放慢脚步。等到俾斯麦离开以后,就再也没有人让德国煞车下来了,于是从此的口号改为:"全速前进!"

一个没有人要的国家

众所周知的是,德国历史在威廉二世统治下变得非常紧张刺激,它是一部极具戏剧性的历史,交织着辉煌与苦难、飞腾和坠落。但我们在此探讨的并非德国历史,而是普鲁士的历史,更何况进入德皇威廉时代之后,我们赫然发现自己陷入窘境:因为一下子就再也没有普鲁士的历史了。之前甚至在俾斯麦的帝国里面,普鲁士历史仍然或多或少是德国历史的对照面,可是到了1890年至1914年之间,它已沦为无足轻重的省级历史。

这并不表示普鲁士——尤其是西部的新普鲁士地带,亦即如今蓬勃发展的德国大工业区所在之处——被排除在威廉二世时期德国的巨大权力膨胀之外,诸如:工业扩张、大海军政策、"世界政策",等等。然而那一切都跟普鲁士、普鲁士国家,以及普鲁士传统完全不再具有任何关系。如果在此时代还有值得针对普鲁士做出报导的东西,那就是一种暗中发生、由逆向发展和内部分裂所构成的奇特进程。普鲁士国家久经考验的整合能力现在已明显衰退。德国西部的新普鲁士地带非常起劲地共同参与德皇威廉时代的经济起飞，感觉自己从中得到了解放和助力。可是在"老普鲁士"——1772年以降的普鲁士，易北河以东那个容克贵族与农民的国度——人们突然发现自己在工业化的德国沦落到"穷亲戚"的地步，因此开始倚老卖老对自我的本质进行崇拜，进而忿忿不平、大发牢骚、嘀嘀咕咕地针对新德国浮夸、豪奢、自大的作风，展开口头攻击。容克贵族们的批评，也没有放过那位显然已经忘记自己其实还是普鲁士国王的皇帝。

我们可以理解他们的批评。威廉二世时代的德国果真出现过许多非常难看，暴发户式的搞炫耀、讲派头作风，让老普鲁士的简朴踏实显得好处多多。普鲁士的容克贵族军官和农民士兵，昔日确曾支撑起一个引人注目的国家，而如果没有过那个国家的话，就不会出现当下高傲地把它抛诸背后的德意志帝国。可是事到如今呢？本来不是理应由普鲁士首相顺便担任帝国总理的吗？现在却突然改由帝国总理顺便兼任普鲁士首相，即便他像霍恩洛厄亲王那般是巴伐利亚人，像比罗那般是梅克伦堡人，像贝特曼—霍尔维格那般出身自法兰克福银行家家族，像赫特林那般再度是巴伐利亚人，甚或像马克斯亲王那般是巴登大公国统治者家族的成员。总之正确无误的是，老普鲁士——如今针对它出现了"易北河东"（Ostelbien）这个称呼——于短短数十年内，在它自己所创建的德意志国里面变成了落后地区、穷乡僻壤、闭塞之地，甚至还是帝国的"赔钱货"。它所生产的谷物必须仰赖高保护关税才得以维持利润，于是造成德国西部工业劳动者的面包变贵，而易北河东的农庄却依然债台高筑。可怜的老普鲁士！

如前所述，老普鲁士于德皇威廉时代对帝国的满腹牢骚其实不难理解，后来等到帝国在1918年崩溃之后，更有人从那种牢骚里面看出了更高的智慧——假如帝国能够维持普鲁士简朴作风的话！然而当人们那么做的时候却忽略了，普鲁士于晚年针对德皇威廉时代所做出的批评中，也多方面充满了不具普鲁士作风的自怨自艾、利己主义，甚至某种程度的冥顽不灵。德皇威廉时代散发光芒的东西并非全部都华而不实，而且德意志国于帝国时代新出现的事物——在经济上、文化上，同时也在政治上——并非完全一无是处。相较于德国在1890年至1914年之间四分之一个世纪内的欣欣向荣，从"易北河东"持续传过来的怒骂之声显得不像是先知们的灾难预警，反倒宛如针对普鲁士衰颓所发出的信号。在其他德意志邦国都已经采用全民普选制度的时代，普鲁士却仍旧抱残守缺，坚持自己从十九世纪五十年代流传下来并且受到痛恨的三级选举制，人们又该对此作何感想呢？更何况这种不断出现的自我抬举和自我夸耀，是普鲁士于其全盛强大时期所从未有过的现象——这跟德皇威廉时代的浮华豪奢比较起来，岂不至少是同样糟糕的作风？提奥多·冯塔纳因而在1898年以嘲讽口吻默默地写道："我们的上层阶级普遍具有一种天真倾向，喜欢把所有'普鲁士'的东西都看成是一种比较高等的文化形式。"

提奥多·冯塔纳在过去和现在都是普鲁士的古典诗人。他其实不算是德国人,反而主要是法国血统,出身自"大选侯"时代即已定居普鲁士的法国人社群,但他彻头彻尾是普鲁士人。他在年轻时代是普鲁士的吟游诗人;成年以后是普鲁士的编年史家,写出其战争、胜利和历史——没有任何德语历史小说能够比前面提到过的《风暴之前》更加优美、更值得一读和更加耐人寻味,而书中真正的英雄就是普鲁士这个国家。他在年迈之际则以独到的眼光、忧伤的心情和实话实说的态度,批评了普鲁士的衰颓:

> 那只"我不逃避太阳"的老鹰抓在爪中的闪电光束已不再闪耀[9],热情已经消散。一个倒退的运动蓦然重返,早已死亡的事物看似即将重新绽放花朵。可是它并未如此……即便时至今日,那些古老的家族也依旧受到爱戴。但他们滥用和耗尽了人们的同情,而那是大家——每一个人和每一个等级——所共同需要的。我们各个古老家族的共同毛病,都是以为"没有他们就凡事都行不通"。但那实在错得离谱,因为纵使没有他们,事情肯定照样可以行得通。他们不再是支撑起一切的栋

---

[9] "我不逃避太阳"(Non soli cedo)乃普鲁士国王腓特烈·威廉一世的拉丁文座右铭。其具体图案是一只用爪子抓住一把闪电光束的黑色老鹰。

梁，他们已然成为长满苔藓的老旧石头屋顶，只会造成沉重的负担，却再也无力抵挡狂风暴雨。

上述字句摘自冯塔纳最后一部而且最伟大的小说《施泰希林》。就此意义而言，它是冯塔纳告别人生之作；但它也是冯塔纳对普鲁士的道别。

德皇威廉时代对德国而言是春天和冲刺的阶段，对普鲁士来说却是秋天和告别的时刻，普鲁士正在走下坡路。等到德国皇权于1918年垮台的时候（它消失得无声无息，未曾做出抵抗，因而注定再也无法重建），普鲁士一时之间也显得气数已尽。

我们在这里跳过了第一次世界大战，因为它已非普鲁士的战争。依先后顺序加入那场战争的国家，奥地利、俄国、德国、法国、英国和美国，分别有自己的参战理由和战争目标。普鲁士并没有任何战争目标。然而德国战败之后，普鲁士却照单全收地付出代价。除却阿尔萨斯—洛林之外，德国所割让的全部都是普鲁士的土地：波森与上西里西亚、但泽与波兰"走廊"，甚至还有北石勒苏益格。随着德国战败而爆发的革命，更给普鲁士的生存打上了问号。

但问题并非仅仅出在革命本身。它终归只是一个主要发生在德国西部的革命，到了后期阶段才波及柏林，而且真正的"易北河东"完全不受影响。最关键的因素还是：霍恩佐伦王朝下台之后，普鲁士便失去了一个非常重要的"夹子"，而迄今为止正是它把整个普鲁士国家连接在一起。俾斯麦那个普鲁士人曾经在他的《思考与回忆》里面提出一个论点，表示并非各个部族，而是各个王朝构成了德意志特殊国家地位的基础，导致德国不可避免地具有联邦性质。就巴伐利亚、符腾堡、萨克森等邦国来说，这种论点非常站不住脚；对普鲁士而言却正确无误。1918年至1919年时的情况已经表明，其他各个德意志邦国纵使没有"土生土长"的王朝，照样能够继续维持强烈的自我意识。唯独普鲁士自从没有了国王以后，本身却突然成为问题，甚至处境变得尴尬起来。它在某种程度上不再晓得到底该拿自己怎么办；如今它全然准备融解于德国之中，正式批准其大多数国民早在帝国时代即已完成的意识转变。

"普鲁士邦制宪会议"在1919年1月与"魏玛国民议会"一同被选出之后（现在当然已改为全民普选），对自己的任务久久犹豫不决。何必在德意志国宪法的旁边，再搞出一部普鲁士宪法来？既然已经有了德国，何必还要普鲁士？迟至1919年12月——革命一年之后，《魏玛共和国宪法》[10]已生效了四个月——普鲁士邦议会仍在210票赞成32票反对的情况下，做出一项决议，而其中最具关键性的段落如下：

10《魏玛共和国宪法》（Weimarer Reichsverfassung）之正式名称为《德意志国宪法》（Verfassung des Deutschen Reichs），其所规定之国体为：联邦制的共和国。

> 身为德意志各邦国之最大者，普鲁士认为其职责在于率先做出尝试，藉以确认目前是否已适合创建一个统一的德意志国家。基于此项考虑，邦议会谨敦促本邦政府，及时于通过宪法最终版本之前，立刻要求国家政府针对成立统一的德意志国家一事，与全体德意志邦国之政府进行洽商。

这表示普鲁士愿意自我解散，可是其他德意志邦国都不打算跟进，于是那个统一的德意志国家无疾而终；普鲁士则不管喜不喜欢，都必须以自己其实早就不想要的国家身份继续存在下去。

1919年时另外还出现过一些关于解散普鲁士的计划，但其宗旨并非建构一个大一统的德国，而是要成立一个联邦共和国。

在一个联邦共和国里面，普鲁士是成员国之一，而且它大于其他所有邦国的总合，亦即在某种程度内等于是国家整体的缩小版。这是个非常醒目的异常状态。如果要继续走联邦之路的话，最合情合理的做法莫过于把普鲁士分割成三四个大小合宜，大致由同一个部族所组成的德意志邦国——其面积与巴伐利亚相仿，而这正是今日德意志联邦共和国处理普鲁士西部领土的方式。当时的科隆市长艾德诺曾经在1919年初，针对莱茵兰提出类似的建议：它应该与普鲁士分开，但不脱离德意志国。《德意志国宪法》的第一个草案，也着眼于将普鲁士那个大邦切割成许多新的邦国。

但现在换成普鲁士人不愿意了。如果是融入一个大一统的德意志国家，那不成问题——他们认为此种做法既合乎时宜又非常光荣。然而若是被切割成莱茵兰人、西发利亚人、下萨克森人，以及"易北河东人"，这有违普鲁士人传承下来的本能；普鲁士历代国王两个世纪以来的戮力从公和战斗不懈，可不是为了要达成那种目的。结果共和派的普鲁士人——社会民主党、中央党以及各个自由党派的人士，亦即制宪会议以及日后邦议会的大多数成员——便在一半勉强（他们宁愿要一个大一统的德国）和一半抗拒（普鲁士人无意遭到分割）的情况下，继承了普鲁士历代国王的事业。帷幔于焉升起，上演了普鲁士身后历史的最后一幕。

普鲁士的毁灭

如同一部精心创作的悲剧在最后一幕所该出现的场景，其"最后的紧张高潮"带来了虚假的希望，让人以为一切说不定还是有可能转入佳境。共和政体下的普鲁士出人意料之外，成为德国共和时代的模范国度。魏玛共和国在十四年内折损了十三位国家总理，并且因为持续不断改组的联合政府而始终不得安宁。魏玛共和时代的普鲁士却与之不同，从 1920 年到 1932 年之间除了有过短暂的中断之外，都是由同一位总理掌权，而且他治理得很好。那位名叫奥图·布劳恩的东普鲁士人，"末代普鲁士国王"，毫无疑问是德国社会民主党在魏玛共和时代的最佳政治人才，以及最强势的政治人物。布劳恩让他的党和他的同盟——始终是一样的同盟——维持井然的秩序；他在所有的选战中获胜，并使得普鲁士有办法力抗危机（德意志国却是危机接二连三地出现）。他所引进的一些改革，例如著名的 1921 年普鲁士学校教育改革，在当时被视为破天荒的创举，而且他在几年以后也对普鲁士刑法制度进行了同样自由化的改革。二十世纪二十年代共和政体下的普鲁士与魏玛共和国比较起来，远远更像是今日德意志联邦共和国的前身和模范：它成为第一个证据，表明德国人也能够理智地处理共和制度和民主自由。

说来奇怪的是，奥图·布劳恩的普鲁士竟然于倒台前的最后一刻，推出了一个完全原创的政治发明，后来在宪政上成为稳定德意志联邦共和国的基石：它叫做"建设性不信任投票"，亦即规定国会在倒阁之前必须先选出继任的总理。

就跟大多数的好点子一样，那个想法也诞生于困境之中。1932年时普鲁士即将举行大选，而且事先已可预见，国社党和共产党将会共同获得过半数的选票，这种多数固然足以导致现任政府下台，那两党却根本不可能合组一个替代政府。此先见之明促成布劳恩政府于1932年在普鲁士推出"建设性不信任投票"，做为普鲁士邦议会任期届满之前的最后一个动作。可想而知的是，假如德意志国出现了不一样发展的话，布劳恩政府在"建设性不信任投票"的庇佑下，不无机会挺过纳粹的浪潮。[11] 因为最后使得布劳恩政府倒台的因素并非普鲁士邦议会，而是1932年7月20日的"普鲁士

---

11 普鲁士在1932年4月24日举行邦议会选举，结果在423个席次当中，纳粹党获得162席，共产党获得57席（两党共同握有过半数的219席）。拜"建设性不信任投票"之赐，布劳恩政府得以继续留任。

政变"[12]，其执行者是德意志国总理巴本。[13]

这个日期标志出普鲁士国家地位真正结束的时间。德意志国总理于总统全面授权下，在当天罢黜了普鲁士邦政府，并自任为"国家政府派驻普鲁士的全权代表"。普鲁士的各个政府部会遭到国防军占领，部长们则在暴力威胁下，被迫离开自己的办公室。他们俯首听命，完全不曾设法进行抵抗。普鲁士向"德意志国最高法院"提出的申诉则无法带来任何决定性的结果。普鲁士在1932年7月20日所获得的地位，实际上类似1871年至1918年之间的阿尔萨斯—洛林；它成为一个"国家直辖地"，没有自己的政府，被德意志国政府顺便一起统治。这是其自主国地位之终结——普鲁士的末日。

无论我们做何感想，那都是一个凄惨的结束——不仅仅是这个既短暂又可敬的普鲁士共和时代之结束，同时也是整部普鲁士历史的结束。普鲁士政府是否能够，以及是否应该做出比较英勇的表现？它用暴力来对抗暴力是否会是比较

---

12 由社会民主党执政的普鲁士被极右派人士视为"赤色堡垒"。1932年7月20日，兴登堡与右派保守势力强行解散普鲁士政府，并以巴本总理兼任中央政府派驻普鲁士的全权代表。此由上而下的政变史称"普鲁士政变"（Preußenstreich）或"鞭打普鲁士"（Preußenschlag），公然违反了《魏玛宪法》所规定的联邦制。

13 巴本（Franz von Papen, 1879—1969）是出身自"中央党"非主流派的德国政客，曾在1932年当过五个半月总理，后来说服兴登堡总统于1933年1月30日任命希特勒出任总理，自己则担任副总理。巴本企图利用希特勒不成，1934年8月以后反而遭到冷冻，相继外放担任纳粹德国派驻奥地利和土耳其的大使。

好的做法？那些问题非但曾经在当时备受争议，今日依然继续受到争议。奥图·布劳恩及其内政部长，西发利亚人卡尔·泽伟林，直到去世为止都还一直坚称，他们不具英雄气概的表现既合理又正确。1945年结束很久之后，奥图·布劳恩仍于其回忆录中表示，抵抗不仅意味着内战，同时也意谓血淋淋的失败。普鲁士警察绝对不是国防军的对手，而且心中也不打算向国防军进行武装对抗。工人手中则没有武器，更何况在六百万人失业的情况下，总罢工根本就是不可能的事情。一切还可以让人听得下去。但尽管如此，那仍旧给人留下一种"灰头土脸自暴自弃"的印象——并且摆明是在对方有些虚张声势的情况下那么做。因为巴本自己的地位也不稳固。国防军就跟普鲁士警察一样不想打内战，或许会在巴本针对内战做出暗示的时候立即拉他下台（这正是国防军过了几个月以后，在巴本向他们提出那种无理要求时果真做出的事情）。[14]

但说来奇怪，并且对普鲁士不战而自暴自弃的做法具有决定意义的现象是：在当时主动和被动参与者的意识当中，凡事都跟普鲁士那个国家再也没有关系了。该国在十二年之前，就已经乐意被并入一个大一统的德意志国家；如今它自

---

[14] 巴本继1932年7月20日在普鲁士进行"小型政变"之后，同年秋季又打算在中央政府搞出一场大型政变，其结果将酿成一场同时对抗纳粹、共产党，以及共和派的内战！结果军方吓得在同年12月3日连忙把他拉下台（可参见哈夫纳：《从俾斯麦到希特勒》，pp. 200-203）。

己变成了问题，而它在面对德意志国的时候，早已丧失国家自保的本能。对1932年时的普鲁士人来说，7月20日所发生的事件基本上不再涉及普鲁士本身。在他们眼中，巴本的"普鲁士政变"只不过是共和派、德意志国家民族派以及国社党人为了争夺国家的权力，在进行三角斗争时所走出的一步棋罢了。那是1932年时的大问题，而对同时代的人们来说，普鲁士这座"共和堡垒"的倾颓，主要意味着"德意志国家民族党"那个反动复辟势力的胜利：普鲁士是社会民主党的堡垒，而巴本在摧毁它的时候非但直接打击了共和派，同时也对国家社会主义展开间接打击，意图藉此强化德意志国家民族党——当时该党希望在左派和右派群众政党之争当中成为渔翁得利的第三者，以便建立一个由上层阶级进行统治的政权。

其间特别令人困惑的现象，就是德意志国家民族党人在整个魏玛共和时期占用了"普鲁士"一词，就仿佛普鲁士始终是德意志民族主义的机构一般，他们并且把"普鲁士"使用为幌子，以及可供拿来打击共和国的棍棒。例如那些年头有一张怪诞的选举海报，呈现出一个淌着血的心形图案，而其标题文字为："普鲁士之心！谁来治愈它？德意志国家民族党！"同一个环节里面还包括了各种站不住脚的，把普鲁士神话化的做法。在二十世纪二十年代是史宾格勒和默勒·凡·登·布鲁克等人;[15] 后来在水平较低的层面,则是由胡根贝格的"乌发制片公司"[16] 所拍摄的《腓特烈国王》电影系列加以进行,很有技巧地把那位普鲁士国王变造成为民族主义反动宣传中的人物角色。

那场德意志国家民族主义普鲁士骗局的最高潮和终点站,就是1933年3月21日令人尴尬的"波茨坦之日",亦即新上任的国家总理希特勒举行国会改选之后,新国会的盛大开幕仪式。[17] 此事确认了巴本与希特勒之间那个不但短命,并且给德意志国家民族党带来灾难的同盟。[18] 此同盟于"波茨坦之日"粉墨登场,被当成是普鲁士传统与国家社会主义革命的结盟。波茨坦的"驻军教堂"[19] 必须担任舞台布景、

---

15 阿图尔·默勒·凡·登·布鲁克(Arthur Moeller van den Bruck,1876—1925)是德意志民族主义派的政治理论家,曾在1923年推出《第三帝国》(*Das dritte Reich*),其书名后来被使用为纳粹运动的象征性口号。

16 乌发(UFA)是德国"环球电影股份公司"(Universum Film AG)的简称。胡根贝格(Alfred Hugenberg,1865—1951)则为德国工商业大亨与激进的民族主义者。他在1927年买下"乌发",1928年出任"德意志国家民族党"(DNVP)主席,并于1931年与纳粹结盟。希特勒上台后,胡根贝格曾短暂出任经济部长及农业部长。

17 由于柏林市的国会大厦已遭焚毁,希特勒的新国会刻意选在具有特殊历史意义的波茨坦举行开幕仪式。"波茨坦之日"(Tag von Potsdam)那一天,兴登堡穿上帝国时代的元帅服,街头飘扬着纳粹的万字旗与德意志帝国的黑白红三色旗。希特勒却身着燕尾服出现,藉以制造出和平的假象。

18 德意志国家民族党在1933年6月被迫"自行解散"。巴本副总理则在1934年7月底被希特勒逐出内阁,先后外放奥地利和土耳其担任大使。

19 波茨坦的"驻军教堂"(Garnisonkirche)由"士兵国王"腓特烈·威廉一世兴建于十八世纪三十年代,毁于1945年4月。腓特烈·威廉一世在1740年,以及腓特烈大帝在1786年去世之后,灵柩均安置于那座教堂的地穴。

德意志国家民族党的"钢盔团"与国社党的"突击队"一同列队行进、国防军提供了临时演员、老迈的德意志国总统兴登堡（当他还是年轻少尉的时候，曾经参加过克尼格雷茨战役）则可于其演说中让人回忆起"老普鲁士"。但那一切都无法改变的事实，就是普鲁士很快便在希特勒的帝国里面融解，几乎消失得无影无踪。纵使赫曼·戈林那个巴伐利亚人在他为自己搜集来的各种头衔当中也包括了"普鲁士总理"，然而那个职称已不具备任何政治功能。在希特勒的帝国当中，即使用放大镜也找不到普鲁士的特殊角色。

难道我们还有必要去认真探讨一种愚蠢的论调：希特勒的帝国乃"普鲁士传统之延续"，希特勒则是"腓特烈大帝和俾斯麦的传人"？对于辛辛苦苦将本书内容读到这里的人来说，应该已无详细驳斥那种论点的必要。在此仅仅需要简单讲几句话就够了。无论普鲁士还具备其他什么性质，它都是一个法治国家，而且是欧洲最资深的法治国家之一。法治国家却成为希特勒首先废除的对象。普鲁士的种族政策与民族政策始终充满着高贵的宽宏大度和一视同仁作风。希特勒的种族政策与民族政策却完全站在普鲁士的反面。希特勒的施政风格、蛊惑民心的宣传，以及剧场式的群众集体催眠，也跟普鲁士的理性作风完全背道而驰。再就希特勒的外交政策而言，其狂妄自大的征服构想若能与德国历史产生任何瓜葛的话，那么其连接点不在普鲁士，而是在奥地利——施瓦岑贝格1850年时的政策，亦即他心目中的中欧大帝国。希特勒终究是奥地利人,而二十世纪三十年代流行于柏林的一句玩笑话可谓不无道理:"希特勒——奥地利为克尼格雷茨做出的报复。"

时而有人做出相反的尝试,认为是普鲁士的传统与理念,促成了德意志民族主义派的反抗希特勒行动——那个反抗运动宛如地下水一般,在第三帝国的整整十二个年头内一直流动不停,最后甚至还短暂地流到了地面。也就是说,那些人不打算让普鲁士历史结束于灰头土脸的 1932 年 7 月 20 日,而是在另外一个比较光荣的日期:1944 年 7 月 20 日的保守派流产政变。然而这种论调也经不起严格的检验。7 月 20 日殉难者名单上诚然出现了许多伟大的普鲁士姓氏:信手捻来就有一位约克和一位毛奇,一位哈登贝格和一位舒伦堡,一位克莱斯特和一位什未林。可是 7 月 20 日的核心人物,史陶芬堡伯爵,却是巴伐利亚人;其余德意志各邦也都有人参与其事,为这个迟到并失败的拯救行动奉献出自己的生命,而且在大多数案例中也牺牲了自己的生命。但 7 月 20 日那些起义者们所欲拯救的对象已非普鲁士,而是德国。普鲁士对他们来说,也早已融解于德国之中;在他们为一个既统一又获得新生的德国所研拟的政变计划当中,已经没有了可供普鲁士发挥的角色;即使他们果真成功推翻了希特勒,普鲁士也不可能死而复生。就连对那些人里面的普鲁士人来说,他们自己昔日的国家也已经成为一个纯粹的记忆。

现在只剩下了匆匆一瞥,留给普鲁士身后历史当中最末和最可怕的一幕。所涉及的对象不再是普鲁士这个国家，因为它已经不复存在了。打输第二次世界大战以后，必须为战败付出代价者已不像"一战"以后那般是普鲁士邦，而变成了普鲁士人——东普鲁士人和西普鲁士人、波美拉尼亚人、东勃兰登堡人和西里西亚人。亦即昔日普鲁士百姓的主要部分，由德意志和西斯拉夫血统融合而成的人们。现在他们失去了七个世纪以来已成为其家园的土地，起初是经由大规模逃亡，然后是遭到大规模驱逐。普鲁士那棵大树在树冠早已消失，树干已被砍伐之后，如今更遭到连根铲除。因为驱逐行动所逆转——也就是加以撤销——的事情，已经不再是普鲁士的历史。那是普鲁士史前史最初的起源，属于十二和十三世纪殖民史的范畴，涉及当时前往东方国度的德意志骑士、僧侣和移居者的事迹。如今不光是他们的后代被驱赶到西方，就连各个土生土长的西斯拉夫民族后裔也一样——自从双方当初相逢以来，早已融合在一起而难分彼此。我们无法称之为历史正义。那是一个暴行；一场由各种暴行堆积而成的战争当中的最后一个暴行。但那场战争不幸是德国在希特勒统治之下所发动的，而且暴行也是由德国人自己首开其端。

我们应当如何看待各种骇人听闻的暴行呢？冤冤相报何时了？斤斤计较的做法无法带来任何帮助，而报复的念头只会让一切变得更糟。必须有人鼓起心灵的力量来大声疾呼："已经够了。"流离失所的普鲁士人有能力做出这种光荣的表现，这是无人可以否认的事情。若有人愿意的话，不妨将他们心无报复之念（而且很快也没有了收复故里的想法）、在德国西部安身立命时所表现出来的理性态度，称作普鲁士的理性作风。他们使得普鲁士缓慢死亡的那段悲伤历史，最后还是在曲终人散之际响起了光明的和弦。

年表

说明：* = 生，† = 卒，∞ = 迎娶（以下日期保留德文原文的日/月/年格式）

1134

"熊罴"阿尔布雷希特(Albrecht der Bär)被册封于"北方边区"(Nordmark),成为边疆伯爵。

1226

《里米尼金玺诏书》(Die Goldbulle von Rimini)授权条顿骑士团统治普鲁森人的土地。

1320

勃兰登堡的阿斯卡尼亚统治者家族绝嗣。

1415

纽伦堡城堡伯爵腓特烈六世(Friedrich VI.)被册封于勃兰登堡边区(Mark Brandenburg),成为勃兰登堡边疆伯爵腓特烈一世(Friedrich I.,*6.8.1371 †21.9.1440)。

1440

腓特烈二世(Friedrich II.,*19.11.1413 †10.2.1471)成为勃兰登堡选侯(Kurfurst von Brandenburg)。

1466

签订《第二次托伦条约》(Zweiter Thorner Friede):条顿骑士团大团长必须向波兰国王宣誓效忠。

1470

阿尔布雷希特·阿希里斯(Albrecht Achilles,*24.11.1414 †11.3.1486)成为勃兰登堡选侯。

1486

约翰·西塞罗(Johann Cicero,*2.8.1455 †9.1.1499)成为勃兰登堡选侯。

1499

约阿希姆一世(Joachim I. Nestor,*21.2.1484 †11.7.1535)成为勃兰登堡选侯。

1511

阿尔布雷希特·冯·勃兰登堡—安斯巴赫（Albrecht von Brandenburg-Ansbach）成为条顿骑士团大团长。

1525

条顿骑士团国转型成为世俗化的普鲁士公爵国（Herzogtum Preußen）。

1535

约阿希姆二世（Joachim II. Hektor, *9.1.1505 †3.1.1571）成为勃兰登堡选侯。

1539

约阿希姆二世在勃兰登堡推行宗教改革。

1544

创办柯尼斯堡大学（Universität Königsberg）。

1571

约翰·格奥尔格（Johann Georg, *11.4.1525 †8.1.1598）成为勃兰登堡选侯。

1598

约阿希姆·腓特烈（Joachim Friedrich, *27.1.1546 †18.7.1608）成为勃兰登堡选侯。

1608

约翰·西吉斯蒙德（Johann Sigismund, *8.11.1572 †23.12.1619）成为勃兰登堡选侯。

1618

勃兰登堡选侯约翰·西吉斯蒙德被承认为普鲁士公爵（Herzog von Preußen）。

"三十年战争"爆发。

1619

格奥尔格·威廉（Georg Wilhelm, *3.11.1595 †1.12.1640）成为勃兰登堡选侯。

1640

腓特烈·威廉（Friedrich Wilhelm, *6.2.1620 †29.4.1688）成为勃兰登堡选侯（"大选侯"）。

1648

签订《西发利亚和约》

（Westfalischer Friede）：勃兰登堡取得东波美拉尼亚（Ostpommern）。

1660

签订《奥利瓦和约》（Friede von Oliva）：普鲁士成为自主国。

1675

大选侯在费尔贝林（Fehrbellin）击败瑞典军队。

1685

颁布《波茨坦诏书》（Edikt von Potsdam）：法国的胡格诺教徒在勃兰登堡得到收容。

1686

腓特烈三世（Friedrich III.，*11.7.1657 †25.2.1713）成为勃兰登堡选侯。乃腓特烈·威廉的次子，其母为拿骚—奥伦治亲王之女，露易丝·亨丽埃特（1627—1667）。他自己有过三次婚姻：

1. 1679 年 ∞ 伊莉萨白·亨丽埃特·冯·黑森—卡塞尔（1661—1683）。育有一女。

2. 1684 年 ∞ 苏菲·夏洛特（1668—1705），汉诺威选侯恩斯特—奥古斯特之女。育有二子。

3. 1708 年 ∞ 苏菲·露易丝·冯·梅克伦堡—什未林（1685—1735）。

1698

"德绍老头"利奥波德·冯·安哈特—德绍（Der alte Dessauer, Leopold von Anhalt-Dessau）在普鲁士陆军引进"齐步走"。

安德瑞亚斯·施吕特尔（Andreas Schluter）开始在柏林市兴建王宫，以及"大选侯"的骑马塑像。

1700

戈特弗里德·威廉·莱布尼茨（Gottfried Wilhelm Leibniz）在柏林创立普鲁士科学院，并担任主席。

1701

独立自主的普鲁士公国跃升为王国，勃兰登堡选侯腓特烈三世成为"在普鲁士的国王"腓特烈一世。

1704

柏林市推出《福斯日报》（*Vossische Zeitung*）的前身——《柏林政治与学术事务新闻报》（*Berlinische Nachrichten von Staats- und Gelehrtensachen*）。

1710

在柏林市创办"慈善医院"（Charite）。

1713

腓特烈·威廉一世（Friedrich Wilhelm I., *14.8.1688 †31.5.1740）成为"在普鲁士的国王"（腓特烈一世的次子，来自其第二次婚姻）。1706年∞苏菲·朵萝蒂雅（1687—1757），英国国王乔治一世之女。

约翰·弗里德里希·艾奥桑德·冯·歌德（Johann Friedrich Eosander von Göthe）主持柏林王宫的扩建工作。

1714

克里斯提安·托玛西乌斯（Christian Thomasius）于其《论巫术犯罪》（*De crimine magiae*）一书中呼吁废除巫婆审判后，普鲁士停止了相关审判。

1715

普鲁士加入"大北方战争"，并征服前波美拉尼亚（Vorpommern）与施特拉尔松德（Stralsund）。

1717

普鲁士开始引进国民义务教育。

1720

1700年开始的"大北方战争"正式结束，普鲁士在《斯德哥尔摩和约》中获得了斯德丁（Stettin）、佩讷河（Peene）以南的前波美拉尼亚，以及乌瑟多姆岛（Usedom）和沃林岛（Wollin）。

约翰·塞巴斯蒂安·巴赫谱出《勃兰登堡协奏曲》（*Brandenburgische Konzerte*）。

1723

普鲁士设置"总理事务府"（Generaldirektorium），成为全国最高行政机关。

1730

腓特烈太子的逃亡计划失败，腓特烈与协助其逃亡的冯·卡特都遭到逮捕。腓特烈必须入狱服刑，其好友冯·卡特中尉（Leutnant von Katte）则被处决。

1731/32

对瘟疫结束后而人口锐减的东普鲁士重新移民。腓特烈·威廉一世将二万多名被逐离萨尔茨堡的新教徒安置到东普鲁士各地。

1739

伏尔泰出版了腓特烈（二世）所撰写的《反马基雅维利》（*Anti-Machiavell*）——他对道德治国所做的诉求。

1740

腓特烈二世（Friedrich II.，*24.1.1712，†17.8.1786），腓特烈·威廉一世之第三子，成为"在普鲁士的国王"。1733年∞伊莉萨白（1715—1797），布伦瑞克—沃尔芬比特尔公爵费迪南·阿尔布雷希特二世之女。婚后无子女。

爆发了"奥地利王位继承战争"（1740—1748），以及"第一次西里西亚战争"（1740—1742）。

普鲁士废除酷刑。

腓特烈二世实现宗教宽容。

普鲁士创设"功绩勋章"（Pour le Merite）。

1742

签订《布雷斯劳和约》（Friede von Breslau）：普鲁士获得上西里西亚、下西里西亚，以及格拉茨伯爵领地（Grafschaft Glatz）。

修建易北—哈弗尔运河（Elbe-Havel-Kanal）。

1743

完成柏林歌剧院的建筑工作，建筑师为克诺伯斯多夫（Georg Wenzeslaus von Knobelsdorff）。

1744

"第二次西里西亚战争"（1744—1745）爆发。

在柏林市创办一所棉花加工坊。

克诺伯斯多夫开始兴建"无忧宫"(Schloss Sanssouci)。

1745

签订《德累斯顿和约》(Friede von Dresden):奥地利确认普鲁士对西里西亚的所有权,腓特烈则承认玛丽亚·特蕾西亚(Maria-Theresia)之夫——弗朗兹一世(Franz I.)——的皇帝资格。

1746

腓特烈二世国王以法文写出《我这个时代的历史》(*Histoire de mon temps*)。

1750

柏林市创办一座瓷器工坊。

伏尔泰前往"无忧宫"拜访腓特烈二世国王,并在当地停留三年。

1756

"七年战争"爆发。普鲁士在这场战争中对抗由奥地利、法国、俄国、瑞典及神圣罗马帝国所组成的大同盟。

哲学家摩西·门德尔松(Moses Mendelssohn)在普鲁士鼓吹解放犹太人。

莱辛(Gotthold Ephraim Lessing)为《福斯日报》撰写评论。

1760

柏林首度被俄军占领。

1762

俄国女皇伊丽莎白去世,新沙皇彼得三世与腓特烈二世国王缔结同盟。

1763

签订《胡贝图斯堡和约》(Friede von Hubertusburg):确认西里西亚的所有权归属。普鲁士成为强权。

普鲁士颁布《全国学校通用规章》(Generallandschulreglement)——国民接受义务教育的年龄为五至十三岁。

1770

康德成为柯尼斯堡大学教授。

1772

第一次瓜分波兰：普鲁士获得西普鲁士（但泽与托伦除外）、埃姆兰（Ermland）、内策地区（Netzedistrikt）。

1774

约翰·戈特弗里德·赫尔德（Johann Gottfried Herder）发表其《关于人类教育的另一种历史哲学》（*Auch eine Philosophie der Geschichte zur Bildung der Menschheit*）。

1781

康德写出其《纯粹理性批判》（*Kritik der reinen Vernunft*）。

1786

腓特烈·威廉二世（*25.9.1744 †16.11.1797）成为普鲁士国王。其父为奥古斯特·威廉（腓特烈二世国王之弟），其母为露易丝（布伦瑞克—沃尔芬比特尔公爵费迪南·阿尔布雷希特二世之女）。

1. 1765 年 ∞ 伊莉萨白·冯·布伦瑞克—沃尔芬比特尔（1746—1840，1769 年离婚）。育有一女。

2. 1769 年 ∞ 弗里德莉可（1751—1805），黑森—达姆施塔特侯爵路德维希九世之女。育有八名子女。

他除此之外另有两次贵贱通婚的姻缘。与苏菲·登霍夫女伯爵（Sophie Grafin Donhoff）生下的儿子成为"勃兰登堡伯爵"；与其情妇威廉明娜·恩可（Wilhelmine Enke）——利希特瑙女伯爵（Grafin Lichtenau）——则育有子女五人。

1788

康德发表其第二部主要著作：《实践理性批判》（*Kritik der praktischen Vernunft*）。

1789

法国大革命爆发的同一年，卡尔·戈特哈特·朗汉斯（Carl Gotthardt Langhans）兴建"勃兰登堡城门"（Brandenburger Tor）。

1792

"第一次反法同盟战争"（1792—1797）：法国对抗奥地利

和普鲁士,双方在"瓦尔密炮战"(Kanonade von Valmy)不分胜负。

成立"柏林歌唱学院"(Berliner Singakademie)。

1793

第二次瓜分波兰:普鲁士获得波森(Posen)、卡利什(Kalisch)、但泽(Danzig)和托伦(Thorn)。

1794

由卡尔·戈特里布·斯瓦雷茨(Carl Gottlieb Svarez)修订的《普鲁士国家通用法典》开始生效。

约翰·戈特弗里德·沙多(Johann Gottfried Schadow)完成"勃兰登堡城门"顶端的"四马双轮战车"。

1795

普鲁士、奥地利与俄国第三次瓜分波兰。普鲁士获得马索维亚(Masovien)、华沙,以及介于魏克塞尔河、布格河和尼门河之间的土地。

1797

腓特烈·威廉三世(*3.8.1770 †7.6.1840),腓特烈·威廉二世第二次婚姻所生的儿子,成为普鲁士国王。

1. 1793年∞露易丝(Luise,1776—1810),梅克伦堡—斯特雷利茨公爵卡尔二世之女。育有九名子女。

2. 1824年∞李格尼茨女侯爵奥古斯塔(1800—1873)。

康德发表其《道德形而上学的基础》(*Grundlegung zur Metaphysik der Sitten*)。

奥古斯特·威廉·施莱格尔(August Wilhelm Schlegel)开始翻译莎士比亚的作品。

路德维希·提克(Ludwig Tieck)撰写其《民间故事集》(*Volksmarchen*)。

1799

"第二次反法同盟战争"(1799—1802):普鲁士保持中立。

亚历山大·冯·洪堡(Alexander von Humboldt)前往中美洲和南美洲进行研究之旅。

弗里德里希·施莱尔马赫（Friedrich Schleiermacher）撰写《论宗教》（*Uber die Religion*）。

1806

除奥地利、普鲁士、黑森—卡塞尔、布伦瑞克之外，其余德意志邦国悉数加入拿破仑的"莱茵邦联"（Rheinbund）。

爆发法国对抗普鲁士和俄国的战争。

1807

签订《提尔西特和约》（Friede von Tilsit）：普鲁士丧失易北河以西的全部土地，此后的面积与人口大约只有从前的一半。

斯坦因男爵（Freiherr vom Stein）推行自由主义改革（农民解放、城市自治、政府改造）。

1808

克劳塞维茨、沙恩霍斯特与格奈森瑙开始改革普鲁士军队。约翰·戈特里布·费希特在柏林举行"告德意志国民"演说（Reden an die Deutsche Nation）。

1809

威廉·冯·洪堡（Wilhelm von Humboldt）成为普鲁士教育部长。

1810

斯坦因遭到免职后，卡尔·奥古斯特·冯·哈登贝格侯爵（Karl August Furst von Hardenberg）继续推行普鲁士的改革工作。

普鲁士宣布就业自由。

海因利希·冯·克莱斯特（Heinrich von Kleist）完成其《洪堡的弗里德里希亲王》（*Prinz Friedrich von Homburg*）。

1812

约克将军（General Yorck [von Wartenburg]）擅自与俄军签订中立协议。解放战争随即展开。

弗里德里希·路德维希·雅恩（Friedrich Ludwig Jahn）在柏林设置了第一座体操场。

1813

莱比锡"民族大会战"（Volkerschlacht bei Leipzig）：拿

破仑被普鲁士、奥地利和俄国联军击溃，必须撤退至莱茵河对岸。

1814

盟国占领巴黎，拿破仑遭到废黜。

维也纳会议开始。

霍夫曼（E. T. A. Hoffmann）出版了他的《幻想小品集》（*Phantasiestucke*）。

1815

拿破仑从流放地潜回法国，但被布吕歇尔（Gebhard Leberecht von Blucher）和威灵顿（The Duke of Wellington）击败于滑铁卢，必须永远退位。

拉尔·法恩哈根（Rahel Varnhagen）继续主持她的文艺沙龙。

使得柏林剧院开始声名大噪的奥古斯特·威廉·伊夫兰（August Wilhelm Iffland）去世。

维也纳会议建立欧洲新秩序后，俄国、普鲁士和奥地利组成"神圣同盟"（Heilige Alllanz），藉以反对自由主义和革命运动。

1819

《卡尔斯巴德决议》（Karlsbader Beschlusse）：决定实施新闻检查、查禁学生联合会（Burschenschaft）、对大学及教师进行监控。

开始"追捕煽动者"（Demagogen-verfolgung）：阿恩特（Ernst Moritz Arndt）和施莱尔马赫（Friedrich Schleiermacher）遭到免职，雅恩（Friedrich Ludwig Jahn）则被逮捕。

1821

在辛克尔修建于"御林广场"（Gendarmenmarkt）的新剧院，举行了卡尔·玛丽亚·冯·韦伯的歌剧《魔弹射手》（*Der Freischutz*）首演仪式。

1826

门德尔松谱出《仲夏夜之梦》（*Sommernachrstraum*）的序曲。

1833

十八个德意志邦国组成"德意志关税同盟"（Deutscher Zollverein）。

"青年德意志"（Junges Deutschland）的自由主义书籍遭到查禁。

1837

奥古斯特·博尔西希（August Borsig）在柏林创办铸铁厂和机械制造厂。

1838/39

柏林至波茨坦之间的普鲁士第一条铁路开始通车。

为了提高适服兵役者的比例，普鲁士禁止九岁以下的儿童在工厂劳动。

1840

腓特烈·威廉四世（Friedrich Wilhelm IV. *15. 10. 1795 †2. 1. 1861），腓特烈·威廉三世的长子，成为普鲁士国王。1830年∞巴伐利亚公主伊丽莎白（1801—1873）。婚后无子女。

1842

腓特烈·威廉四世为科隆大教堂的重新开工奠下基石。

卡尔·马克思在科隆的《莱茵报》担任主编，而后于1843年被迫移居巴黎。

1844

西里西亚纺织工人的反抗行动遭到血腥镇压。

1845

亚历山大·冯·洪堡出版其厚达五册的巨著《宇宙》。

1847

腓特烈·威廉四世召集八个省份的议会前往柏林举行"联合省议会"（Vereinigter Landtag）。

1848

普鲁士爆发街头战斗（三月革命）。

俾斯麦在柏林创办保守派的《新普鲁士报》（《十字报》）。

政治讽刺幽默杂志《咔啦哒啦哒奇》（*Kladderadatsch*）开始发行。

1849

腓特烈·威廉四世拒绝接受"德意志皇冠"；普鲁士获得一部"强加的"宪法（Oktroyierte Verfassung)。

普鲁士成立由二十八个德意志诸侯国组成的"德意志联盟"(Deutsche Union)。

1850

签订《奥尔米茨条约》(Vertrag von Olmutz):恢复"德意志邦联"(Deutscher Bund)并解散"德意志联盟"。

奥地利巩固了自己在德国的霸主地位。

1851

奥图·冯·俾斯麦成为普鲁士派驻德意志邦联会议的代表。

1854

格林兄弟开始编纂《德语词典》。

1857

腓特烈·威廉四世放弃自己对瑞士纽沙特(Neuchatel)的权利。

1858

威廉(一世)代替其兄腓特烈·威廉四世国王摄理政务。

鲁道夫·维萧(Rudolf Virchow)创立细胞病理学。

1861

威廉一世(*22.3.1797 †9.3.1888),腓特烈·威廉四世之弟,成为普鲁士国王。1829年∞奥古斯塔(1811—1890),萨克森—魏玛大公爵卡尔—腓特烈之女。育有子女二人。

1862

战争部长阿尔布雷希特·冯·罗恩(Albrecht von Roon)扩大陆军规模,在前一年引发宪政冲突后,普鲁士下议院遭到解散。俾斯麦出任普鲁士首相。

1864

普鲁士与奥地利连手对丹麦作战。

1866

普鲁士与奥地利为了德国的霸主地位而开战。

1867

俾斯麦成为北德意志邦联总理。

1869

成立社会民主工人党（SDAP）。

1870/71

北德意志邦联与南德各邦合力对法国作战。

1871

建立德意志国。普鲁士国王威廉一世成为德意志皇帝，俾斯麦成为帝国总理。

1872

俾斯麦在普鲁士针对天主教徒的"中央党"展开"文化斗争"（Kulturkampf）。

普鲁士由国家接管对学校的监督。

1878

俾斯麦推出《反社会主义者法》来压制工人运动。

1879

维尔纳·冯·西门子（Werner von Siemens）制造出第一台电力火车头。

1882

罗伯特·柯霍（Robert Koch），细菌学的创始人，发现了结核杆菌。

提奥多·冯塔纳（Theodor Fontane）完成其《勃兰登堡边区徒步纪行》（*Wanderungen durch die Mark Brandenburg*）。

1883

俾斯麦展开社会立法的工作。

1887

俾斯麦与俄国秘密签订《再保条约》（Rückversicher-ungsver-trag）。

1888

腓特烈三世（Friedrich III. Wilhelm, *18.5.1831 †15.6.1888），威廉一世的长子，成为德意志皇帝与普鲁士国王。1858年∞英国维多利亚公主（1840—1901），萨克森—科堡—哥塔亲王阿尔布雷希特（Prinz Albrecht von Sachsen-Coburg-Gotha）之女。育有子女八人。

威廉二世（Wilhelm II., *27.1.1859 †4.6.1941），腓特烈三世的长子，成为德意志皇帝与普鲁士国王。

1. 1881年∞奥古斯塔·维多利亚·冯·石勒苏益格—荷尔斯泰因（1858—1921）。育有子女七人。

2. 1922年∞赫米娜·冯·罗伊斯。

1889

鲁尔地区进行大罢工。

格哈特·豪普特曼（Gerhart Hauptmann）完成《日出之前》（*Vor Sonnenaufgang*）。

奥图·布拉姆（Otto Brahm）在柏林创办"自由剧场"（Freie Buhne）。

1890

俾斯麦被德皇威廉二世免除总理职位。

1893

埃米尔·冯·贝林（Emil von Behring）开发出白喉血清。

1897

阿尔弗雷德·冯·提尔皮茨（Alfred von Tirpitz）在威廉二世的指示下，创立德国海军舰队。

1898

画家马克斯·李伯曼（Max Liebermann）创立柏林"分离派"（Berliner Sezession）。

阿尔弗雷德·梅塞尔（Alfred Messel）开始兴建"威尔特海姆百货公司"（Kaufhaus Wertheim），对日后"新即物主义"（Neue Sachlichkeit）产生决定性的影响。

1905

威廉二世引发"第一次摩洛哥危机"。

马克斯·莱因哈特（Max Reinhardt）接掌柏林市德意志剧院。

1908

威廉二世接受《每日电讯报》采访的内容在国内外引起严厉批评。

1911

德国派遣"豹号"(Panther)炮舰,引发了"第二次摩洛哥危机"。

1912

社会民主党成为德意志帝国国会的最大党派。

1914

欧洲的权力政治冲突导致第一次世界大战爆发。

1916

兴登堡成为"最高陆军指挥部"(OHL)负责人。

1917

威廉二世承诺在普鲁士采用秘密直接选举制。

格奥尔格·格罗斯(George Grosz)推出其平版印刷作品《统治阶级的面孔》(*Das Gesicht der herrschenden Klasse*)。

1918

马克斯·冯·巴登亲王(Prinz Max von Baden)成为德意志帝国总理,并自行宣布德皇威廉二世退位。

卡尔·李卜克内希(Karl Liebknecht)宣布成立苏维埃共和国。菲利普·塞德曼(Philipp Scheidemann)宣布成立共和国。

1919

弗里德里希·艾伯特(Friedrich Ebert)成为第一任德意志国总统。

"普鲁士邦制宪会议"提议创建一个统一的德意志国家。科隆市长康拉德·艾德诺(Konrad Adenauer)主张莱茵兰脱离普鲁士。

1920

奥图·布劳恩(Otto Braun)成为普鲁士总理,卡尔·泽伟林(Carl Severing)出任普鲁士内政部长。

马克斯·李伯曼成为普鲁士艺术学院的主席。

1921

康拉德·艾德诺成为普鲁士国务委员会主席。

1925

弗里德里希·艾伯特去世后,保罗·冯·兴登堡当选德意志国总统。

柏林市成立一个名为"集团"(Der Ring)的建筑师协会,其成员包括:密斯·凡·德·罗(Mies van der Rohe)、格罗皮乌斯(Walter Gropius)、迈伊(Ernst May)、巴特宁(Otto Bartning)、门德尔松(Erich Mendelsohn)。

1927

海因利希·齐勒推出《齐勒画作全集》(*Heinrich Zille, Das grose Zille-Album*)。

1928

贝尔托特·布莱希特(Bertolt Brecht)、库尔特·魏尔(Kurt Weill)的《三毛钱歌剧》(*Dreigroschenoper*)在柏林首演,并享誉全球。

1932

国社党在普鲁士邦议会选举中的突破,动摇了布劳恩与泽伟林的社会民主党政府。兴登堡再度当选总统。

弗朗兹·冯·巴本(Franz von Papen)在普鲁士发动政变。布劳恩与泽伟林的政府遭到罢黜;巴本以中央政府全权代表的身份接管普鲁士政务。

1933

兴登堡总统任命阿道夫·希特勒为总理。普鲁士在魏玛共和时代仍保留下来的自由邦性质遭到取消。

1937

古斯塔夫·格林德根斯(Gustaf Grundgens)出任柏林市"普鲁士国家剧院"院长。

1939

德国占领默美尔地区(Memelgebiet)。

希特勒要求归还但泽,并要求在西普鲁士开启一条走廊。

第二次世界大战爆发。

1944

德国军方密谋暗杀阿道夫·希特勒。

1945

俄国对普鲁士东方领土的征服引发大规模逃亡潮。

波茨坦会议决定"重新安置"普鲁士东方领土残余的居民。

1947

"盟军管制委员会"在2月25日决议解散普鲁士。

著作权合同登记号　图字:01-2016-2164

图书在版编目(CIP)数据

不含传说的普鲁士/(德)塞巴斯提安·哈夫纳(Sebastian Haffner)著;周全译.—北京:北京大学出版社,2016.7
ISBN 978-7-301-27257-2

Ⅰ.①不… Ⅱ.①塞… ②周… Ⅲ.①普鲁士—研究 Ⅳ.①K516.3

中国版本图书馆CIP数据核字(2016)第148522号

Copyright © stern im Verlag Gruner + Jahr GmbH & Co KG, Hamburg
Simplified Chinese language edition published in arrangement with G + J through CoHerence Media
ALL RIGHTS RESERVED
本简体中文版翻译由台湾远足文化事业股份有限公司/左岸文化授权

书　　　名	不含传说的普鲁士
	Buhan Chuanshuo de Pulushi
著作责任者	〔德〕塞巴斯提安·哈夫纳(Sebastian Haffner)　著
	周　全　译
责任编辑	柯　恒
标准书号	ISBN 978-7-301-27257-2
出版发行	北京大学出版社
地　　　址	北京市海淀区成府路205号　100871
网　　　址	http://www.pup.cn　http://www.yandayuanzhao.com
电子邮箱	编辑部 yandayuanzhao@pup.cn　总编室 zpup@pup.cn
新浪微博	@北京大学出版社　@北大出版社燕大元照法律图书
电　　　话	邮购部 62752015　发行部 62750672　编辑部 62117788
印　刷　者	北京中科印刷有限公司
经　销　者	新华书店
	787毫米×1092毫米　32开本　9.5印张　182千字
	2016年7月第1版　2023年11月第11次印刷
定　　　价	45.00元

未经许可,不得以任何方式复制或抄袭本书之部分或全部内容。
版权所有,侵权必究
举报电话:010-62752024　电子邮箱:fd@pup.cn
图书如有印装质量问题,请与出版部联系,电话:010-62756370